U0137356

庄学本

1934~1941

ZHUANG XUEBEN

XIXING YINGJI

主编 马晓峰 庄 钧

西行影纪

壹

四川美术出版社

《西行影纪》编委会

总策划

罗　勇

主　编

马晓峰　庄　钧

副主编

唐海涛　蒋咏宁

编委会成员

朱靖江　李　庆　杨红义　张慧敏　董晏薇

凝视与对望

马晓峰

全面呈现近代摄影大师庄学本先生摄影艺术和他传奇一生的画册——《西行影纪》就要付梓了，欣喜之余回忆起编辑该书的一些往事。第一次听闻庄学本的名字是在2001年的夏天，时任四川民族出版社社长的罗勇先生告诉我，有位叫庄文骏的老先生手里有他父亲庄学本的很多老照片，让我去了解一下。当时我还是出版社的一名小编辑，对编辑出版老照片题材的图书很感兴趣，听闻这样的消息立刻就联系了这位庄老师。记得是在成都武侯祠见到了儒雅谦和的庄文骏先生，他听我讲述来意后，歉意地告诉我，他父亲的书稿已经准备与另外一家出版社签约了。他感谢了我的拜访，介绍说他此行是与另一位摄影大师（孙明经先生）的儿子孙建三一块儿办场摄影展，并与我聊起了他父亲庄学本先生的一生。一番交谈下来，我已被庄学本先生的传奇人生和摄影作品所折服，庄先生拍摄行历经过了我家乡——甘孜的山山水水，珍贵的照片和它背后的故事让我为之神往，不

能编辑出版他的书让我莫大遗憾。我不太死心，跟庄文骏老先生约好先不忙签约，等我一周，若我有更好的编辑方案，再决定和谁签约。话别后，我立刻投入对庄学本摄影艺术的研究，几日后就赶到了北京庄文骏老先生居住的百万庄大街，找了家小旅馆住下来。当我敲开庄文骏老先生家门时，庄先生诧异之余，感动于我的执念，让我充分接触了庄学本先生大量日记手稿。我在小旅馆待了一周，沉浸在庄学本先生的摄影世界中，为他的执着旅程着迷，为他的奇妙缘分称奇，日记手稿里的只言片语深藏着庄学本先生一腔赤诚报国之心。当我再见到庄文骏老先生时，一部对未来书稿的成熟策划已悄然而成，一丝喜悦之情弥漫在他的眼底，我知道，我打动他了。

后来，庄文骏老先生认同了我的编辑方案，整部书稿不再只是展现庄学本先生的摄影作品，而是以他旅程的时间和路线为线索，配上大量的考察手稿和日记，整

理了许多地名、人名的背景注释，全面呈现了一代摄影大师探访西部、报效国家的漂泊之旅。书稿在庄学本先生曾经的同事马鼐辉、王昭武几位老先生的大力支持下顺利推进，其间，我特邀民族影像文化学者朱靖江先生为书稿撰写的序言——《漂泊的瞬间》，完美地诠释了庄学本先生的漂泊人生。定稿前，我构思了"尘封的历史瞬间"的书名，策划了一句推广词——"打开尘封的记忆，串起散落的时光"。这本图书应该是20世纪80年代以后关于庄学本先生的著作第一次出版，在摄影界和出版界都产生了巨大影响，掀起一股学界研究庄学本先生的热潮。

算起来，从第一本书推出至今已有16年了，其间我还策划出版了有关庄学本先生的《羌绒考察记》和《羌族影像志》两本图书。我与庄文骏老先生结缘至今，一直还有个心愿，就是为庄学本先生出一本艺术性高、资料性强的画册，无奈杂务缠身，迟迟不能推动。终于，在前年的某一天，我和庄文骏老先生再次聚首，邀请朱靖江先生共同策划了这本《西行影纪》，填补了这个空白，为世人了解这位被遗忘的摄影大师找到了最好的读本。

正如朱靖江先生所言，摄影大师庄学本的照片是需要凝视的，他将一种文明与尊严的力量赋予了他所观照的边地人民，而这份人性的尊严，长久以来不但为主流社会所忽视，更为在中国土地上"武装探险"的西方闯入者所践踏，却借由这数千张藏在档案袋里留存至今的老照片，令近百年后的我们肃然起敬。无论是眉目俊朗的康巴青年，还是纯真无邪的嘉绒少女，无论是神思深邃的班禅大师，还是西北黄沙退却、展露欢颜的蒙古族、撒拉族、土族百姓一张张生动的脸庞，抑或大小凉山烟瘴迷雾中彝族、摩梭人雄鹰般矫捷的身影，他们都超越时空的疆界，透过照片的边际，骄傲地与我们目光交汇，情感相通。今天，让我们透过历史尘埃与这些凝视的目光对视，他们挺拔的生命也因这些图片的传世而青春不朽，让我们在时空中去重构一个民族的前世今生。

荒原中的神谕

庄学本的西部影像人类学之旅

朱靖江

我们不妨将八十多年前的历史还原成一张素朴的黑白图片：1934年8月14日，在海拔5800米的高寒山地宿营的庄学本，借着熹微的晨光，眺望阿坝草地的无边山色。亘古不变的雪岭大川逶迤于苍莽的川藏路上，这个在黄浦江边长大的青年人肃然对视蛮荒的风景——旷古冷肃的荒原渺无人烟，远方的雪峰似乎与尘世凛然隔绝——手中的照相机沉醉地追捕着光影流动的瞬间。单薄的行装与未知的旅程，虱子一般如影随形的挫折和匮乏，全然失色于胶片显影时的灵光绽放。他在不时邂逅的野羊群的目送下，与一名"番人"同伴萧索地策马缓行，身后是几头支"乌拉差"的牦牛，驮着他简陋的行李，包括一顶帐篷、半囊胶卷，以及一些冲印照片的药水和工具。在漂泊的寂寞里，那人期然寻觅着生命的奇迹，而这奇迹竟也在他的面前昭然呈现：以如花的美色和野性的尊严，为一段早被风雨销蚀的边地故事，定影成一幅绝版的记忆。

对于庄学本而言，这只是他前往"廓洛克"（果洛）那片所谓"白地"旅途中并不重要的一天，他于帐幕中写下数百言的日记，陈述一日的行程与见闻，唯值一提的，或许只是渡河时偶遇的三名陌生人与他们持枪戒备，互相惊疑对方是剪径的盗贼。而这旅程继续伸展，从果洛至康定，从中国至印度，又从青春朝气的来路，到沉默郁结的暮年，再凝聚成图文档案与书稿，用劫后遗存的文字与影像，默默地启迪着循道而来的同路人。

又或如半个世纪后的诗人海子在《九月》中所吟唱的：

目击众神死亡的草原上野花一片，
远在远方的风比远方更远。
我的琴声呜咽，泪水全无，
我把这远方的远归还草原。

一

沿途均无道路，遍山均可行，唯认牛足印而已。待至垂暮，于水草丰美处下帐房而歇……太阳初升时即起熬茶，茶沸稍揉糌粑即启行。登山而西，碧草露湿，晨寒侵人，云雾未升，四眺清朗，远瞩群山起伏，如海中碧浪，一望无际……

——庄学本

本世纪最初几年，原本沉寂无闻多年的庄学本，在其身后的时日里，再度成为中国摄影界与人类学界共同瞩目的现象级人物——距他上一次的声名鹊起，已经过去了一个甲子的岁月。如同"流放者归来"，人们讶异地发现这位生前谦卑和善、中年时因所谓"历史问题"被开除公职、遣返回乡，晚景也颇为凄凉落寞的"非著名"摄影家，曾经在中国最艰难的抗战时代，独自奔走行摄于土司割据、盗贼横行的西南山地与西北荒野之中，如同一位被神谕感召的圣徒，决意用影像的力量，为救亡图存、"开发西北"之国策做探路的先锋。

那些侥幸逃过战火与动乱的底片，静默地显影于一个仿如隔世的新世纪，绽放昔日的荣光，令观者同样静默，且毋需言辞称其为"伟大"。学界公认：近二十年来，中国影像史学最重要的收获，便是重新发现了庄学本及其同时代的孙明经先生。这两位大师级的影像工作者，以他们在20世纪三四十年代的纪实摄影与纪录电影作品，填补了中国影像史上的诸多盲区和空白，他们的归来，极大丰盈了中国现代的影史篇章，也因其高洁的人格魅力，为我们树立起两座仰之弥高的不朽丰碑。正如中国摄影学者李媚所言：

"这个人物所具有的光亮，应该成为烛照黑暗的指引。"

对于中国人类学界而言，庄学本的重要性不仅在于他所记录的藏边影像有着非常宝贵的民族志价值——如将庄氏发表于《良友》《中华》等画报上的图片报道，与同一时期登载在美国《国家地理杂志》等刊物上由外国人拍摄的中国边疆题材照片相比较，前者在真实生动、意态气韵方面其实犹胜于后者，特别是种种不为外人所知，而又为庄学本所亲见并摄取的械斗、婚丧、巫术等内容，更是有其人类学上的长远价值。庄氏于20世纪三四十年代所撰写的一系列有关边地地理与族群的文章和书籍，大都来自亲身调查所得的一手资料，直到今日，仍具有重要的史地与民族文献意义。

庄学本的高明之处，还在于他在从事田野摄影工作的同时，一方面自觉吸纳民族学、人类学的理论与方法，接受任乃强、葛维汉、丁文江、徐益棠等学术大家的指导与训练，不断探索影像与学术结合的路径；另一方面，又满怀爱国热情地投身于抗日救亡、开发西部的事业当中，决不当清谈的看客与空头的艺术家，这使得庄学本在20世纪前半叶"救亡与启蒙"的文化大潮中，颇具时代精神与使命意识，而他与边地民族的交往平实而质朴，甚至比多数人类学者的田野考察更具平等与合作的态度。因此，庄学本被称为"中国影像人类学的先驱"，的确是实至名归的定论之说。

有关庄学本的早年生活，我们多只能从其家人的概述中知其大略。他于1909年出生在上海浦东的村舍里。父亲庄鼎熙务农为生，兼在私塾中授课，颇受乡邻敬重，但庄学本却因家贫，只在上海的寻源学塾读过两年旧式中学，便辍学赴沪上的几间洋行、公司做练习生和小职员，自力谋生，并开始接受摄影技艺的启蒙。1930年，庄学本参加了一支由青年人组织，自上海出发北上的全国步行团，以"凭我二条腿，行遍全国路，百闻不如一见，前进，前进，前进！"为口号，一路进行社会调查、图片拍摄、证物搜集，"以贡献社会，作学术上之参考"。步行团深得蔡元培、胡适、徐悲鸿等文化名流的赞赏，沿途也访问过陶行知等知名人士。虽因直奉战争爆发等原因，步行团行至北平而告中止，团员们却对中国的世态民情有了些切实的体会。这一长途旅行、为天下先的经历，也成为庄学本此后执着于游历考察、影像拍摄的前奏。

庄学本于步行考察团解散后留居民国首都南京，在南京大同地产公司和万国储蓄会当职员，工作之余，亦练习摄影技法，早期多为风景、静物、人像等"沙龙"式的作品。他发表在1934年《华安》杂志上的两幅图片——《幽居》，一幢山林中的茅草土房，《陶工》，一名蹲身制作陶盆的男子——都还难称影像佳作，显示不出拍摄者的独特趣味与创作天赋。这样的习作与生活，似乎预见了一位民国时代南方城市青年正常的人生路径：安稳度日，娶妻生子，兼有一份艺术气息的业余爱好，波澜不惊地度过一生。但在内心深处，暂时蛰伏的庄学本依然等待着远方的使命召唤。

庄学本个人命运的第一次转折，宏观而言，源于国家局势的震荡与国土的沦陷：1931年爆发的"九一八事变"，令中国知识界心忧国是，更有所谓"丢失东北，开发西北"的思想与行动。庄学本亦更加关注西部边疆地区，"想从事步行摄影，用形象的图片介绍祖国的大好山河和兄弟民族，以激励人民抗日保国的热情"（庄文骏）。更为具体的原因，却是一桩与他的日常生活轨迹并无直接关联的事件。1933年年底，十三世达赖喇嘛土登嘉措在拉萨圆寂，南京国民政府组织专使行署入藏致祭。这一看似"远在天边"的消息，竟触动了时为南

京万国储蓄会职员的庄学本的心弦，他绝意辞去首都商会的工作，打算以《良友》《申报》等报刊"特约记者"的身份，自费追随专使团进藏参访。

20世纪30年代，西藏并非如当代文艺青年所向往的"香格里拉"或"灵魂圣地"，反而是一个在众人心目中野蛮封闭、迷信落后，且不允许汉地官民随意进入的"喇嘛王国"。庄学本之所以对西藏产生调查与拍摄的兴趣，或始于其早年未能完成的全国考察计划，正所谓"念念不忘，必有回响"，他又"觉得险地一定多奇事，多趣事，有研究的价值，有一探的必要"，加之国事危急，"愈觉非努力奋斗不可"，所以仍希望以考察边疆、旅行摄影的方法，做出一番报国的事业，取得一些惊人的成就。

庄学本一生的夙愿和他半生的羁旅——无论是追随吊唁十三世达赖的专使团（1934），还是参加护送班禅回藏的行署（1935~1937），再任西康建省筹备委员会参议（1939年西康省政府成立改称顾问）徘徊于康藏边界（1938~1942），后来取道南亚，滞留于印度三年（1942~1945）——全是为着能够进入西藏，拍摄这方雪域高原的神秘姿容，正所谓"情不知所起，一往而深"。但彼时波谲云诡的国内政局，以及暗中成为国际势力角力场的西藏局势，都将庄学本的"入藏幻梦"击得粉碎。这虽说是人生的一场悲剧，但也因此成就了庄氏摄影艺术的非凡境界，亦如他日后的回忆："入藏的计划不但不能实现，反而因战事的演变，使我在边地游历了十年，增加了许多摄影资料，这是出发时所梦想不到的。"

似乎在冥冥之中，命运总牵引着他的脚步，围绕他心中的圣地西藏盘旋不止。于是岷江峡谷、松潘草地、甘青藏族聚居区、西康彝族聚居区、陇南回乡、印度商港，都因庄学本的游历留下了珍贵的影迹，有些甚至因其稀罕，成为影像民族志中的孤本。唯其对西藏之行始终怀有未圆的大梦，庄学本一路上的摄影创作都尽心竭力，不断为入藏的机缘做着技艺、学识上的准备与磨炼。也正因如此，在他20世纪三四十年代的影像作品当中，总是蕴含着一种蓬勃的朝气，似乎向上攀援无止，却始终没有达到极盛而亏的创作顶点。

考庄学本的早年经历，虽然没有受过系统的高等教育，但父亲对其的幼学启蒙与为时不长的学塾时光，仍然为他打下了良好的文化基础，这一点从他的日记与文章中便可知悉，其写作水准在同时代人中也可称得上是佼佼者。尽管出身农家，庄学本的视野、格局都相当开阔，从未有过闭塞保守或小富即安的乡人心态，而是不断地追寻一种理想主义的人生目的。他曾在上海与南京的洋行、商会里做小职员，却没有沾染这种职业通常会有的媚外习气，反倒是更善于和底层民众打交道，更有对民族文化的兴趣。他生活在繁华发达的大都会，却随时愿意放弃物质的牵绊，参加艰苦而漫长的徒步旅行团，了解中国的社会实况，甚至不惜孤身涉险赴边地摄影，常怀"国家兴亡，匹夫有责"的自我期许。这种大我情怀——所谓"负笈壮游"，所谓"位卑未敢忘忧国"，正是五四以来热血青年的真实写照，庄学本则是其中的佼佼者。

二

一路从重庆以下……从车厢里望出去，山脚上的（罂粟）花招展迎人，小溪旁的花在水中更反映出它艳丽，茅檐四周的花陪衬了疏林炊烟，就是荒落郊原也染上鲜明的艳色，娇艳的丽色窥进车厢，令人欲醉，恐世界任何公园不及此间的美丽，不及此间的伟大。但是在这伟大丽幕上，就映出街头面目狰狞、骨瘦如柴许多烟鬼的丑态。

——庄学本

1934年3月28日，庄学本背负着两台照相机与历年积攒的二三百元旅资，自南京下关出发，登上一艘沿长江上行的客船，和"致祭使团"的成员们结伴同行，前往此行的第一个西南大码头：重庆。水路交通缓慢，庄学本在乘船旅行的途中不时用照相机拍摄沿岸的景色。《东方杂志》在1935年第7期刊登了四幅他此行以扬子江为主题的摄影作品，包括《扬子江之春》《水八阵图》《宜昌文星塔》与《崆岭》，皆为在江边或船上拍摄的风景照。他经年不辍的旅行日记，也自此开始付诸笔端："城东十里有文星塔，地临江滨，形势雄壮。塔的周围都是水田，乡民正在忙着种稻。宜昌的隔江多是高山，怪峰叠起，夕阳西下时日薄崦嵫，晚霞四飞，映着江上的白帆一片一片来来往往，风景绝佳。"随即笔锋一转："江心泊的外国兵船极多，控着巴蜀总口的宜昌已为《烟台条约》所断送了。"其痛心国情如此。

今人多赞叹庄氏在摄影领域的造诣，殊不知其文笔亦清新流畅，即便是在逼仄船舱匆匆几笔的急就章，也颇为可读，如其记叙过巫峡时的情景："峻削的绝壁屏峙在二岸，天空仅露着一条蔚蓝的通衢，偶然一二头苍鹰翱翔，啸唳其间，更觉此数千仞的悬崖摇摇欲坠，抬头仰望，心旌飘荡。"（4月3日日记）出身贫寒的庄学本自动身伊始，便着手询问与观察川中民众"预支四十年"的税负问题，江边人家为几支洋酒瓶入水搏浪的贫困问题，以及蜀地罂粟遍植、鸦片泛滥、吸毒者身心俱废的民生问题等，其忧国忧民之情跃然纸上，足见他此次旅行，并不是文艺青年的探幽访美，而是秉持着一种救亡图强、唤醒民众的信念。

庄学本于重庆逗留期间，专程前往位于沙坪坝的重庆大学，拜望了著名的康藏学者任乃强先生。任乃强"住在一间低低而破旧的平房中，卧室的四壁贴上三四幅康藏地图，一边书架上放了些中外书籍图册，尚有未完的草稿，只见他还在埋头研究边疆问题。与先生见面之后，就谈了些康藏现状，并取出各种图册做参证，又指出许多国内地图的错误，吾们尤感国人于康藏研究之缺乏，而研究康藏者尤应互相联络探讨"。任乃强与庄学本一见如故，不仅陪他在重庆游览老君洞等名胜，且在庄氏数年之后落魄无着时，曾给过他强有力的援助。及至抵达成都，庄学本又参观华西大学，见到了该校博物馆主任、美国人类学家葛维汉博士（Dr. David Crockett Graham），并应邀拍摄博物馆收藏的藏、罗罗（彝）、羌、苗各族的文物与民族器物。庄学本与任、葛两位人类学者的会晤，对于他涉足藏羌彝族地区的影像民族志考察，具有重要

的引领意义；他与民族学、人类学界的交往求学，并逐渐自觉以民族调查者的身份展开影像工作，也许正源自任乃强、葛维汉等学人对他的教诲与期许。

庄学本随十三世达赖致祭使团暂居成都约二十日，一边准备行装，一边拍摄了若干当地名胜的照片，如昭觉寺、白马寺、子云亭、湍流卵石等景物，陆续发表在《东方杂志》等刊物上。然而，庄学本随团入藏的计划，最终却在专使黄慕松将军的亲口否决下失败了。尽管庄氏当面痛陈"康藏形势之岌岌可危与民族生命线连系之深，凡国人均应同负斯责，吾年青者更应努力，故已不顾一切拟随至康藏调查，以略尽国民之责"，但军人出身的黄慕松仍不准这个来路不明的"特约记者"加入团队。若是从政治角度考量，使团此行意在恢复中断二十二年之久的中央政府与西藏地方之联系，以致祭册封的方式宣示中央权威与国家主权，责任重大，难怪主事者不得不对随行人员细加甄别，以防意外。庄学本虽有一腔报国热血，终究没有官方赋予的正式身份，只得黯然离队，另寻门径，开辟一条他自己的人生道路。另值得一提的是，上海月明影片公司却派员随专使团顺利入藏，拍摄了《黄专使奉令入藏致祭达赖喇嘛》《神秘的西藏》两部纪录片，这也是中国人自行摄制的最早的有关西藏自然风光与社会生活的电影，至今拷贝犹存于中国电影资料馆。

被黄慕松将军拒之门外的庄学本，此时却展露出民国文艺青年中极为罕见的强悍气质与决然的行动力。他绝不肯垂头丧气地返回上海，而是于次日便致信南京的"开发西北协会"，"请求数点"。"开发西北协会"成立于1932年，陈立夫、邵力子、戴季陶等政府大员均

有加入，协会经费也得到国民政府行政院、国民党中央党部、军事委员会等部门的资助，是一个带有一定官方色彩和智囊角色的社会团体。其主要负责人马鹤天和庄学本应有旧谊，获知其入藏受阻的消息之后，专门为他安排了一个"开发西北协会调查西北专员"的身份，并从蒙藏委员会得到了一张去果洛旅行的照会。与此前所谓报社"特约记者"不同，"开发西北协会"的背景介乎官民之间，上通中央，颇受地方政府重视，庄学本这个"调查西北专员"也就有了与官方约谈求助的资本。他计划"先到川北、松、理、茂、懋、汶一带，然后再至西康"，又请求驻成都的军政要员与社会名流，如邓锡侯、杨森、张国维、金豹卢、张雪崖等人，为其开具旅行边地所需的证件和介绍信，一应筹备十分缜密熨帖。廿八军军长邓锡侯更与他就西北开发之事相谈甚欢，"同时他知吾有松、理之行，故先去电通知屯殖督办署保护等等"。其优厚待遇与此前在黄慕松处欲谋一脚夫之位亦不可得相比，可谓天壤之别。

三

在山岗上望见曲折的河流，一盘一曲，很为清晰，好像一条海鳗在碧绿的海面上游动，而四周的山峰，则是大海中的浪涛。熊耳山在夕阳中被阳光反射出一幅瑰丽的晚景，两个尖峰在高空的球状云朵中好像一对熊耳。什谷脑河衬托出金黄色的波流，我们沿着河岸，走进了一座新地——理番。

——庄学本

1934年5月22日，庄学本与一位戎人（嘉绒藏族）旅伴索囊仁清——汉名为杨青云，于清晨启程，向着川西北的方向步行而去，踏上自灌县（今都江堰市）上溯岷江，经汶川、茂县、理番（今理县）、阿坝草地而进廓落克（又称俄洛，今青海果洛州）的漫漫旅程。甫一出城，"一路尽是大自然，一个一个村落后面衬着临风袅娜的钓鱼竹，四周是映人的水田。美丽的春景与江南何尝有上下"。彼时的庄学本尚未预想到自己未来的十年时光，大都将如孤蓬一般，行走在山高水长、多民族杂居的西部边区，更未料及他在旅途中拍摄的万幅照片，其中半数竟足以抵抗时间的消磨与命运的跌宕，在八十多年的岁月变迁中不断沉淀着历史的记忆。

旅行、历险与探奇，从来都是青年人的不羁心性，但孤立无援，在盗匪出没、掳奴风行的川、甘、青、康边地行走，还要用手中的照相机拍摄鲜为人知的风习与人物，以及绘制地图，搜集标本，记录口头传说，其实绝非今日的时尚青年们所想象的那般浪漫。直到今天，当我们回望斯人影踪，他的每一幅照片，都将一种文明与尊严的力量，赋予了他所观照的边地人民。而这份人性的尊严，长久以来不但为主流的汉人社会所忽视，更为在中国土地上"武装探险"的西方闯入者所践踏，却借由这数千张藏在档案袋里留存至今的老照片，令八十多年后的我们肃然起敬。

庄学本沿途书写的旅行日记，"都在茶寮、村店、鞍马、帐幕中写成"，待他返沪之后，将文稿交由上海良友图书公司出版《羌戎考察记》一书，详叙其在川西北行程中的所见所闻，以《灌县景象》一章为游记的起始。也正是在灌县这个"山货出口的总汇"之地，庄学本第一次看到穿麻布衣束腰的土人，"我分辨不出他们是戎是羌，只有随着俗称，认他们为'蛮子'。因为第一次和异族人会面，觉得很有趣味去注意到他们的行动。最后才感到自己的错误：他们何尝是'蛮子'，是异族？不过是隔离较远的乡下兄弟而已"。对"乡下兄弟"的亲近，贯穿庄学本在西部民族地区的考察生涯。曾有松理懋茂汶屯殖督办署的官员"很恳切地表示，如果我需要军队保护的时候，可以派一队随行。但是我是一个简单的旅行者，并不需要军队来点缀我们的旅行队，尤其是我的目的在考察，更不需要威武的军队去隔离土民的感情，所以我即表示谢绝"。

庄学本在书中专设一节，介绍他此行聘请的翻译兼干事——嘉绒藏人索囊仁清，让此君在中国影像人类学史上留下了姓名与事迹。索囊仁清汉名杨青云，时年47岁，精通汉藏双语，当过袍哥，贩过烟土，早在前清时代就曾担任过边疆勘测队的翻译，甚至到达过与西藏交界的印度大吉岭。索囊仁清更与当时长驻成都的多名外国学者相熟，庄学本便是通过葛维汉博士的引荐才与之结识。"他在我们决定了到廓落克路线的时候，他决然的宣示执鞭相从。"庄学本以饱含深情的文字写道："果然，在以后几个月中，经过不少的艰难困苦，他并没有二心，直到我们这一次旅行告终。这是戎人忠实美德的表现。"的确，如果没有索囊仁清的协助，庄学本纵有探险的雄心和计划，却未必能在如此险恶的自然与社会条件下善始善终。

羌族是庄学本1934年初次考察时，最早在川西遇上的少数民族，其与汉族的异同之处，也是初出茅庐的庄氏较为关注的问题。居住在岷江沿岸的羌族，与定居成都平原的汉族，有着较为久远的共生历史，在其口传经典中，就有"是啥苦处都吃尽，春来灌县去做活。为儿为女好辛苦，去到汉区把钱挣"的"苦情"唱词。庄学本虽然囊中羞涩，但初入异乡，还是雇佣了两位羌族挑夫为他担负行装。"他们并没有什么嗜好，每人身体都很强健，言语应对都很忠实，可以证明羌族是个优秀的民族。他们的汉语（官话）都讲得很流利。"特别是与行旅沿途很多沉溺于鸦片毒瘾的汉人对比，庄学本尤其感到痛心疾首："羌戎皮肤多棕色，身体壮健……汉人身体大多瘦弱，脸色灰白，这也许是汉人的清秀，也许是烟容。"

从汶川经茂县至理番，庄学本沿途记录了羌人的日常生活，如羌寨的房屋建筑——特别是村寨四周拔地而起的数十丈高、用于防守的碉楼，三三两两，高插云霄，处于山野间而具森严的气象。尽管村寨险要，但庄氏影像中所记录的羌族男女老幼却大都和善可亲，望向镜头多有笑容。他所摄的羌人照片，一类为信手抓拍的生活实景，如汶川道旁席地野餐的路人、持杖背篓赶场的乡民、运送药材的背夫、打柴贩卖的樵子、靠人力犁地的农民、做法事的端公等，皆可见羌人的勤劳与生活的艰辛；另一类则是较为正式的肖像照或合影，如他们在理番县城居住的几天，因为城内没有照相馆，当地人士便请求庄学本为之摄影，每天数十起，几乎应接不暇。"但我绝不能推辞，直到我把百余张底片照完为止。"他在《旅行日记》中感慨道："如果我是照相从业员，那我这一次的收入一定很丰富的了。"庄学本以摄影为接触、亲和与服务当地人的方法，正合乎影像人类学之分享、互馈的学术理念，其被学界追认为民族志影像先驱者，不只在于所摄照片的人类学价值，更在于较早奉行了与拍摄对象平等合作的学术准则。

在《羌戎考察记》中，庄学本逐一记录了"萝卜寨"名称改变的故事、羌人火葬的旧俗，以及拥戎人贵族为羌人首领的"九子屯"羌寨等，虽然行文简略，多为途中的见闻，却可见作者质朴而恳切的求知之心。庄学本还于书中专辟章节，讲述他田野调查所知的羌族知识，如"子拉"与"固拉"征战失败，逃亡深山而为西羌的传说，羌文书籍在战争中被羊群啃食，致使羌人文字失传的故事，羌民的语言、宗教、婚俗以及传统的丧葬礼仪等。虽然此时的庄学本学养尚不充足，且无力在一地长时间驻留，进行深入的田野考察，但这些有关羌族历史文化的民族志材料，还是为当时的学人所重视，为《羌戎考察记》作序的考古学者陈志良称："羌民之信仰'祈祖'，崇拜白石，无宇宙观，死亡、疾病、婚娶、医药、祈祷、禳解，均有端公包办，教义之特异古远，为全国冠。故羌戎史实，得此书而现新境。"

庄学本由理番继续西行，第一次进入了"戎人"生活的世界，这里也是旅伴索囊仁清的家乡。庄学本在《十年西行记》中，记述"'戎'藏语称做'嘉绒'，意思是'邻近汉人的民族'"（今主流学术观点认为"嘉绒"全称"嘎尔嘉尔木察瓦绒"，意为"东方嘉木墨尔多山系的热带农区"，与庄氏释意不同）。他更指出，"夷人""蛮子"的名称，含有若干藐视的性质，我们再不能这样称呼他们。为国内各民族一律平等起见，并就其"嘉绒"之音，应保存其古称"西戎"为妥。1954年，"嘉绒"被中国民族学界认定为藏族的分支之一，今人遂多以"嘉绒藏族"称谓这一古老的族系。

由于嘉绒藏人的服饰、性情、习俗与信仰均迥异于汉、羌两族，庄学本的好奇心与拍摄欲望显然较之早期在羌族聚居区的行旅更为热烈。他在索囊仁清居住的八石脑寨逗留数日，悉心观察他们的房屋样式与日常起居："他们的住宅布置，带着很浓厚的宗教意味，最下层是畜生道，中间是人，上面是神。"戎人部落在庄学本的眼中是"古礼之邦"，庄氏也被当地人视为见闻广博的海派人士，彼此相见甚欢。他对盛装的嘉绒少女尤为欣赏，为她们一一摄影留念。庄学本所摄最美的少女肖像中，其一为一张吹口弦的嘉绒女孩像，曾被选作《羌戎考察记》（2007，四川民族出版社）封面。女子名为杨德芳，拍照时年仅十三四岁。"2007年，杨德芳在米亚罗管账，当她看到《羌戎考察记》后很高兴，并买了几十本送人。老人2008年去世。"另一张更为脍炙人口的《什谷屯贵族少女》肖像，被拍摄者是什谷脑守备杨继祖的女儿包慧卿。她自幼秀外慧中，曾在成都省艺专学习音乐，后因被划为"右派"，于1960年抑郁而终，只有这幅少女时代的照片，凝视人间，成为青春不逝的永恒经典。

当然，1934年的庄学本并不能预卜他拍摄的嘉绒少女将会迎来怎样的人生。在索囊仁清的安排下，八石脑的青年男女跳起锅庄，迎接远客，"一唱一和，载歌载舞，手也互相挽住，同进同退，室中充满着嘹亮的歌声和翩翩的舞姿"。戎人通宵的歌舞狂欢令庄学本眼界大开，他也将连夜冲洗的照片欣然送出。"丫头们第一次见到她们自己的嘴脸印在纸上，都异常地兴奋，她们对于照相发生兴趣了。"庄学本也得以有机会更为细致地拍摄嘉绒藏人的种种风俗，如阴历月末的祭祀山神仪式、端午节的汤浴盛会等。他对于终日劳作不休的戎女更怀有同情，便拍摄了她们在溪边背水、背负麦穗以及打羊毛线的照片："她们完全日出而作，日落而息。田中的工作清闲时，手中终是不停地打羊毛线，无论坐跪立行，无不如此，勤劳的精神，实堪令人钦佩。"

在什谷脑喇嘛寺（汉名宝殿寺），庄学本第一次被藏传佛教寺院的规模所震撼："高大的舍利塔，栉比的僧舍，往来稠密的红衣喇嘛，几乎使我认为这是一个异国的城堡。"他参观了寺院僧人诵经、驱鬼的仪式，体验其日常饮食，并参与见证了两桩大事。其一是寺内高二十丈、围数百尺的佛塔因1933年的地震坍塌了金顶，当地一位活佛欲赴东北筹募修缮基金，请庄学本拍摄该塔的照片，以资化缘的佐证；另一件则是为答谢庄氏的善举，寺院破例为其举行了跳神仪式，供其摄影记录。庄学本拍摄的宝殿寺佛塔照片，是这座始建于1739年的川西巨塔最后的几帧留影——1935年，它便遭战火焚毁，今日唯余塔基残迹而已。而他所拍摄的跳神画面，也是这座历经战争、动乱与地震摧残的佛教寺院存世寥寥的影像记忆之一。

在嘉绒地区的政治中心，庄学本陆续拜访了什谷脑守备杨继祖与卓克基土司索观瀛。这两位"土皇帝"都是在川西历史上声名显赫的人物，前者被庄氏称为"什谷脑的林肯"，既解放了守备衙门中的奴仆，还开办了平民学校与夜校，试图使当地民众受到现代化的洗礼。索观瀛更是威风凛凛，所到之处，人民皆须匍匐下跪，庄学本不得不多次慨叹："他的威容真和皇帝一般。"杨继祖与索观瀛在嘉绒藏族领袖当中，均为谙知汉文、顺应时事的一时豪杰。中华人民共和国成立后，杨继祖曾任阿坝州政府副秘书长，索观瀛任阿坝州副州长。这些历史人物与摄影师庄学本匆匆的一场交集，便留住了他们英姿勃发的人生瞬间。

四

时在深秋，柳絮初绽，良以地处高寒，与江南几相隔半载。登岭望云薄，夷而济山远隔仅十余里，雪深满谷，玉姿独立，傲视群峰，四山则平铺如浪，与空中之球云冉冉相映，云山连接，一望不尽，自然之伟大极矣。

——庄学本

庄学本的《西北边荒旅行记》系列，原计划出版第二编《廓落克探险记》与第三编《岷江流域旅行记》，但困于日渐危殆的时局，后两部著作终未付梓，只有散见于《申报》《良友》《开发西北》等刊物上的图文，以及每日不断书写的旅行日记。直到1948年，庄学本在《旅行杂志》发表《积石山区—廓落克旅行记：卓克基至阿坝》部分，并写《作者附言》一篇，言及十余年间颠沛流离、无力写作的境遇，以及近来"这个荒凉的草原、被人称作野番的俄洛，现在已经引起了国内外人士的重大注意"，成为庄学本重新整理旅行日记，并写作这一地区行旅故事的缘起。

告别卓克基土司索观瀛之后，庄学本先要进入"西番"（即安多地区）的阿坝草地，此为通往廓落克的门户。由于沿途流民、土匪颇多，庄学本接受当地头人的建议，加入一支返回阿坝的牛驮帮队伍，以获得驮队的武装庇护。只是驮队选择的道路多为荒山野路，行走不易。牦牛驱使困难，经常摔落行李；犏牛时有走失，寻回又费精力。特别是他们没有来得及准备帐篷，不得不经常"打野"——也就是露宿于树林、山谷，靠一把篝火熬过寒夜，吃不洗、不去皮的煮洋芋。即便艰苦如斯，庄学本依然不减文化探求之心。他虚心求问此地的物产与交易方式、男女的婚姻习俗，特别是寺院经济的具体操作等，一一笔录。庄学本对同行的旅伴更是兼怀仁爱之心。有前往阿坝谋生的西康夫妇随驮队步行，"有小女孩约八九岁亦随之行数十里。余怜其幼，乃让其骑，此孩时时对余作憨笑，天真可掬，荒凉之草地中得此有生气"。此事在当地亦传为美谈。"（墨桑土司）管家谓余在路上让骑于西康小孩事，极致钦佩。"庄学本在阿坝草原上便有了高尚的名声，受到土司官民僧俗的热情款待。

庄学本暂居阿坝休整时，还做了两桩普通汉族旅行者罕愿为之的事情。其一是答应墨桑土司前往拉摩寺调解本地部落与甘肃军阀鲁大昌之间的战事，后虽因时局变化未亲往，仍遵嘱致函鲁大昌，晓以民族团结之大义。当庄学本游历廓落克后返归阿坝时，得知"余于上次作信去后未

及一星期军队即撤退，故地方现均平静无事云"。不管庄学本的信件是真的起了阻吓作用，还是单纯的巧合，他的所作所为无疑增强了"中央"的权威，提高了汉人在藏族聚居区的地位，以至于当地的汉族小商贩一定要送给"庄大人"三枚大梨，以示感念。其二则是应邀与墨桑土司华尔功臣烈（庄学本写作华昆椿立，1915~1966，曾任四川省政协副主席）结为兄弟。庄学本并未自矜"调查专员"的身份，而是随俗结拜，因年长七岁，成了华尔功臣烈的兄长，并且"宣誓后余告以世界潮流之趋势，封建之不适于现在，故宜自动开发荒地，增加生产，建设交通，提倡教育，和睦乡邻等诸事，土司极志谢"。考阿坝现代史上，华尔功臣烈"袭位后，服从中央领导，接受委任官职，重视发展商业，努力保护外地商人来往，在川西北藏族聚居区乃成为首屈一指的少数民族领袖人物"（参见《民国人物大辞典》），未始不是在青年时代受到结拜兄长庄学本的某些影响，选择了较之祖辈土司们更为开放、现代的人生路线。

与华尔功臣烈兄弟结拜后数日，庄学本便按照原先的计划，向廓落克（俄洛）前进。廓落克自古便被视为文明未开、佛光不照的蛮荒之地，各部落民风剽悍，以抢掠为俗，即便是全副武装的商队，都视进入这片土地为畏途。庄学本1934年的边地游历，却是以这片地图上未勘绘的"白地""野番"部落的家园为最终的目的地。即便是同被汉族视为"蛮子"的戎人与西番，都对庄学本的计划咋舌不已，以为太过凶险难测。尽管墨桑土司派遣了几名藏兵护送他到阿坝与廓落克的边界，但连他最忠实的旅伴索囊仁清都有些畏缩不前。

1934年8月20日，庄学本在日记中写道："这二（两）天的交涉有些棘手，索囊仁清也表示（了）消极，他不愿意深入到廓（洛）克的内部，他只想绕一个小圈就回去，虽没有说出这个话，但是吾很知道他这个内心。"庄学本却有他坚持前往的理由："'开发西北'是'失掉东北'后指示青年动向的坐标，并不是空喊的口号，要开发整个西北，必先要明了俄洛这个关系重大的腹地。我为了这样大的使命更应该进去一探。"他鼓励旅伴索囊仁清道："吾们能够发现这个'野番'的全部秘密，这种工作在现在的国家极属须（需）要，如果吾们为国家而牺牲，那不是一件很（光）荣的事（吗）？并且吾等一路都是同人家结好感，这样的联络过去，决不致出什么危险。"他终于说服了旅伴继续往廓落克的深处去。

然而他们在廓落克草原上一路行止，虽偶遭偷盗，却并无多少真正的凶险可言。庄学本与沿途所遇的寺院活佛、部落头人们互馈礼物，交流地方风俗与宗教传说。庄氏常为他们摄影，并在暗房中公开表演冲印技法，"见露光时手一挥乃将晒相纸入药水中即露影像，众为之咋舌不已"。果洛各部官民还因其"开发西北协会调查西北专员"的身份，控诉马步芳军队对当地部落的残酷统治与大肆杀戮，望其陈情中央，有所查问和体恤。作为回报，每一部落的土官、头人都会安排护卫，将庄学本一行送至下一个辖区，保证他们的人身安全。

在廓落克的抗甘（康干）部落，庄学本还曾与部落头人康克明的妻子阿赛（庄写作阿雪）采访了数日时光。时年23岁的阿赛是拉卜楞寺第五世嘉木样活佛的二姐，自幼生活在汉区，谙熟汉语，远嫁草原部落之后，难得有外人到访，故对于意外出现的庄学本颇多亲近。"土妇能唱汉歌，音调悠扬，如闻乡音，几忘置身于寂寞野番之草地中。"庄氏在康干部落逗留五日，为阿赛母女拍摄盛装照片数幅，辞行之时，"土妇为余牵笼上骑，已见其泪盈于眶，淫淫欲出，余亦不禁为之黯然终日。……及返首视之，尚见土妇痴痴帐外，若有所思，余深恐为人识破，乃忍心前驰"。

在庄学本经年累月的旅行日记中，唯此篇意味深长，似有一种朦胧的情愫。当代影视人类学者鲍江评论道："庄学本镜头里的阿赛，男孩子气坚毅如昔，但天真已不再，神情显得凝重、忧虑，让人不忍对视。此时的阿赛历经马家军阀兵炙欺凌，她的心绪，作为匆匆过客的庄学本未必能够完全体会，甚至可能存在美丽的误会，但庄学本用镜头与文字写下的阿赛、自我以及彼此的相遇与相处，它所揭示的跨文化相处之道启迪我们后学——'诚'是成就影视人类学经典不可或缺的前提。"

庄学本在廓落克诸部落间周游两月有余，始返回象征着现代社会的松潘县城。对于曾经心怀畏惧的当地"野番"，他已全然改变了观感与立场："相处甚久，就知其快乐有趣、古风盎然，反觉其精神高洁，可敬可亲，有自诋同胞为'野番'者，实属大谬。"庄学本的《廓落克探险记》虽未正式出版，但他于旅程中拍摄的大量照片，却是果洛地区最早的系统性民族志影像文献，其地理环境、草场牧群、头人贵族、佛教僧侣以及男女老幼的肖像服饰、日常生活等，无不进入庄学本的摄影视野。处于部落时代的果洛藏族社会与游牧文化，因庄学本的深入考察与细致记录，得以直观且鲜活地存续到今天，其珍贵的史学研究价值自是无可替代。如果是从艺术角度考量，他在廓落克游历时期的照片也颇多影像佳作，特有一种洪荒天地、信马由缰的自由与疏阔气息，将自然与人和谐地融为一体，苍茫而静寂，极富古意与诗意。

1934年的深秋，在阿坝、果洛的荒野草地历险旅行数十日，"鸠形鹄面、白虱满身"的庄学本自松潘回程，沿着岷江峡谷行走，又拍摄了黄龙的美丽风光，考察漳腊金矿原始的采金方法，更专门调查和拍摄当地以习性"犷悍粗野、恒喜为盗"著称的"博罗子"村寨（据民族学家孙宏开先生调查判断，"博罗子"是羌人一支，他们使用的语言也不是独立的语言，而是羌语北部方言的一种土语）。直至当年12月7日，庄学本才回到成都。"这一次的旅行骑了三个月的马，步行了五千里山路，超登过六千公尺的高山，还没有走过一百里长的平坝。"他总结所遇诸民族之性格"多数淳朴纯良"，体格强健结实，但政府与汉民对他们长期轻视和愚弄，以致边陲脱辐，民心涣散。"初步的开发并不需要高深的理论、伟大的计划，只要大家认清这简单清楚的目标埋头前进。西北有办法就是全国有办法。"

以行程而论，庄学本于1934年完成的"西北边荒旅行"——经灌县、理县、马尔康、阿坝进果洛，复经白衣寺、莫坝桑、汪清夺巴、贡马桑、瓦色尔、康干、康色尔而出果洛，再经阿坝草原、松潘、茂县返回成都，较之此后的历次行程，此次旅行更有古典时代探险猎奇

的特点，在其十年行旅生涯中，亦最奇丽动人。彼时的庄学本年纪尚轻，经验不足，却勇气过人，处乱不惊，故而行走在土司生杀予夺的法外之地，竟能如鱼得水，多次化险为夷，甚至赢得了各部落头人与僧侣领袖们的友谊与信任。在这条艰辛而壮美的旅途中，庄学本总会为他中途邂逅的羌人、戎人、番民拍摄照片，留存他们极富神采、炯炯有光的生命瞬间。而在凝视他者的同时，庄学本自身也在丰盈成长，从一名热血而单纯的青年摄影爱好者，逐渐成为具有学术思想与丰富阅历的影像人类学工作者。

五

旭日初升和夕阳将下的时候，穿五色衣的女子赶着一群羊子，带着几个牲口，在树林中穿了出来，在河边上"呀许！呀许！"的叫牛羊饮水，金波摇动，重又翩然返进树林，阳光照着她们的帽冠，姗姗的来往不断，直到日上三竿，或新月在林，她们的影子也随着隐灭。

——庄学本日记

1935年年初，庄学本自西部边地归返江南的繁华都会，虽只是离别半年，人却有了脱胎换骨之改变，从一个自学成才的业余"影友"，变身为一名拥有"诗和远方""故事和酒"的探险摄影家与见多识广的"调查西北专员"，在南京、上海的摄影界与新闻界声名鹊起。当地时事杂志《苏声月刊》甚至在《一月来之国内外大事辑要》栏目里，专门收录了《庄学本谈廓落克地方

风土人情》，节录他在"浦东其昌栈保卫团同人"为其接风的席间，大略讲述的果洛见闻，如"廓落克有人民十余万，家产除牛羊而外别无长物，有钱亦无用处，故余极早购买布帛多匹，入境后与之交换，以后即恃此为生"的交易策略，随后简述当地畜牧生计、一妻多夫婚姻、藏传佛教信仰、以身饲雕的天葬等奇异风俗，并"希望全国青年，多作边疆之行，毋徒喊到西北去，而眷恋于都市之享乐。际此国难日深之时，边围情势，尤为吾人所亟欲知者。将来开发西北，当获不少帮助"，再向青年人发出行动救国的呼声。

沪上著名刊物如《良友》《中华》等，想必也认可了庄学本"特约记者"的身份，故自1935年至1937年，两本期刊陆续发表庄氏创作的图文作品多达三十余篇，其摄影成就得到业界的公认。庄学本于1935年在南京举办的个人摄影展，还吸引了中央研究院总干事丁文江教授的注意。丁文江凭借早年滇黔调查经验，敏锐地意识到边疆影像的学术价值及其与人体测量、人种研究之间的关系。他不仅选用部分照片做研究之用，还介绍庄学本进入中研院人类学组，学习人类学基本知识与人体测量之方法。

同在这一年，已经驻锡内地12年之久的九世班禅额尔德尼·曲吉尼玛决意返回西藏，国民政府特设"护送班禅回藏专使行署"，聘请庄学本担任随行摄影师，而中央研究院委托其进行少数民族体质测量，中山文化教育馆委托其收集少数民族文物标本，足以见得当时的中国学界已将这位年轻的摄影家当作了人类学、民族学领域的同道中人，视其为他们探入西北边陲的一支望远

镜。可以说，这个时期也是庄学本一生中难得畅快的黄金时代。

庄学本于1935年岁末自南京出发，12月4日抵达西安，驻停当地约一个月，游览了县城内与周边咸阳、茂陵等地的古迹。在抗战的背景之下，西安被国民政府定为"西京"，重新修葺，在诸人眼中，"是一个正在中兴的破落户"。而郊外那一座座古老的帝王陵墓，也打动了庄学本的一缕悲情："尤其在民族危亡的今日，回想他们彪炳的功业，心弦上弹动的，不知是愧吗？！是奋吗？"

由于行署须在兰州做入藏的筹备工作，庄学本遂计划前往青海互助县，参加"土人"（土族）的春节庆祝活动。他于农历正月初二抵达县城西北外三里土族聚居的塘巴堡，看到的第一幅鲜活画面，便是"在一家土屋前面，两根木头靠着土墙搭成的秋千架上，发现有一对红衣红帽的女子，在绳上飘荡，鲜艳的衣服，活泼的姿势，引着我们跳下马来隔墙去观赏"。当庄学本为她们拍照时，她们却羞得连头也抬不起来。但第二天再见时，她们却不会再像昨天那样怕羞躲闪，"因为昨天的照相，我已经都晒出送给她们了。她们见着自己的形象，非常惊奇赞叹，因而也就熟习"。庄学本再次用摄影的"礼物"馈赠，赢得了土族女子的亲近。

在青海互助的调查过程中，庄学本对土族的地理分布、历史脉络、土司制度、装束服饰、风俗信仰等都进行了文字记述与影像拍摄。如他在土族村庄的神庙里，看到与佛像汇聚一堂的护法神箭与大鹏鸟，在信仰上糅杂了藏传佛教与萨满巫术的内容，甚至还能见到游

方的汉地道士。庄学本对土族妇女的头饰也颇觉兴趣，除多做特写摄影外，还亲笔手绘了蜂儿头、干粮头、簸箕头、丹凤头等多种头饰样式，并以专题式的文字详尽描写。他还在《青海考察记》中记了两首土族民歌的词曲。一首为《祁家延西》（被庄误记为"《祁家筵席》"），是如今已被列为国家级非物质文化遗产的土族英雄史诗；另一首则是山野情歌："河那啊，河这啊，千层的牡丹碟子大，你把哥哥忽惹下，惹下哥哥花采下。"

土族男女较汉族自由开放的交往与婚恋习俗，更为庄学本所看重。他记述了土族"小夫大妇"的婚姻形式，"往往七八岁的小孩，娶一个二十岁的媳妇，目的不在生男育女，而在帮助夫家料理农事"。他又发现土族女子"十五做阿姑"的习俗：十五岁而未出嫁的女子将两根发辫的尾梢连接起来，就称"戴天头"，此后她们被称作"阿姑"，能够享受自由恋爱的权利。"阿姑在外找情人，或带了情人回家，都很自由。阿姑生了子女，就算母家的子女，姓母家的姓。也有少数的阿姑，她们因为情人太多，她陷在情海中不能自拔，她就戴了'天头'住在母家，以便应付。"土族对女性在婚恋方面的宽容程度，令庄学本颇觉异样，以为在封建的中国社会，发现了一个两性择偶相对自由的特别境域。

庄学本对土族的初步考察成果，于1936年以《青海考察记》为题，分作三期，陆续发表在《西陲宣化使公署月刊》这本隶属于九世班禅宣教系统的刊物上，其中包括《新年的娱乐》《女勤而男惰》《婚丧的礼俗》《宗教的信仰》《一元一亩田》《语言与文字》《艳装

的歌舞》《抬神去治病》《土人的社伏》《土民的统计》《互助县土司》等二十五个章节，是民国时期有关土族文化较早且较为系统化的学术性报告。其中大量民族文化细节，早已随着时代的变迁淡漠、消逝，只可见诸庄学本留下的影像与文字档案中。庄学本对于土族民众予以热诚的赞美："他们有忠厚的性格，强壮的体魄，聪明的头脑，秀丽的面庞，如果政府能施以相当的教化，他们就可以恢复过去的光荣。"

告别土族村落之后，庄学本即赶赴湟中塔尔寺，谒见九世班禅大师。"一位身披袈裟，脸色苍老，留着须子，面现慈祥的大师，迎了出来。……此时发现他的脸部比前年在南京见面时瘦削多了，大概因为忧国忧时的关系吧？"班禅大师于1936年的农历正月十五举行祈愿大法会，数万蒙藏僧众云集塔尔寺，接受他的摸顶祝福，"其中十分之六是'番'人，十分之二是蒙人，汉、回也占十分之二，尚有七八个来看热闹照相的外国人"。信徒们朝着班禅的影子磕头，也有许多没有见着影子而下跪的，还有千万个力弱者，不以前额触碰到寺门口的磴石，便虚此千百里远来的诚意。庄学本逡巡于寺内，感受着如痴如狂的宗教氛围，不失时机地拍摄僧人的跳神、诵经、坛城绘制场面，以及久负盛名的塔尔寺酥油花灯展示。在工艺精巧的佛像、楼阁与花草之外，庄学本敏感地看到："最令人触目惊心的，在华屋的上空，徘徊着一只双翼的轰炸机，地下又是一尊正在放射的开花大炮，这似乎象征战争的预兆。"

与班禅一行再告暂别，庄学本赴柴达木盆地调查的计划受阻，即前往湟源群科滩（在今青海省海晏县），

访问当地的蒙古民族。经过两日的骑马跋涉，他终于抵达海拔3260米的牧场，并见到了驻牧此地的青海蒙旗领袖——右翼盟长尔力克贝勒，一位衣着简朴却见多识广的蒙古贵族老者。尔力克贝勒曾到访北京七次，既受过大清朝廷的封赏，也得到过民国总统黎元洪的二等勋章。庄学本从他那里得知：驻牧于群科滩的蒙旗共有八支，分属绰罗斯部、和硕特部、独立部（即察汗诺门汗旗）等，但人口稀疏，势力很小；当地蒙古族以放牧牛、马、羊为生，受藏族影响较大，喜食糌粑和酥油茶，多住在牦牛毛编织的黑帐房中；而察汗诺门汗旗又是被编入蒙旗的藏族部落，故而青海的蒙藏之间彼此融合，是一种文化趋势。

庄学本还在青海湖畔考察了一座被当地人称作"三角城"的古城遗址，距察汗诺门汗旗驻牧地不远。"四周有一丈高土垣的遗迹，在几个缺口的地方，还能找到砖墙的痕迹。……城的东南上有一个四尺高三尺宽方形的石础，俗名石槽，石缝中塞满乱石，像番人的麻柳堆一样。距城以南二里路的道左，有一头石虎深埋在土中，石虎雕刻的线条简单朴素，作风和咸阳霍去病墓的石虎很类似。"庄学本虽然于青海的沿革、地理没有较深的研究，也无力发掘古城的基址，但依据《西宁府志》等文献的记载，初步判断这座"三角城"应为"临羌故城""临羌新县故城"或"西海郡故城"三个传说中的古城之一。

庄学本曾用小刀将石虎座石下的泥土挖去一层，"见到有三个小篆'西超工'字样，听番人讲下面的字很多，预料在这块座子上可以看得到它雕刻的年代"。

实际上，他距离揭开这座古城的历史真相，就只差这几层泥土的厚度。1956年，考古工作者将石虎搬移至室内，又对底座的篆文进行辨识，系"西海郡""始建国""工河南"九字，庄学本所见的实际上是最上一行的"西""始""工"三字。而他在城址中所见的那个方形"石础"，不为人所见的一面上，同样刻有三行篆字——于1987年被发现，它们与石虎上的文字串连在一起，即为"西海郡虎符石匮""始建国元年十月癸卯""工河南郭戎造"。这些文字终于让世人得知，"三角城"便是王莽新朝设立的西海郡故城，而这对"石虎"与"石础"，其实是新朝始建国元年由一位名叫郭戎的工务官员督造的"虎符石匮"的上、下两个部分，也就是用来存放珍贵文书的石制"保险柜"。如今，国内学界普遍认为"虎符石匮"是在1942年由马步芳的幕僚冯国瑞发现，甚至是1943年海晏建县时才见天日的（见李零《王莽虎符石匮调查记》），殊不知，庄学本早在1936年便已在现场对"石虎"做过初步勘测，若非工具不便与时间不足，或许便会是由他揭晓了西海郡故城的秘密。但无论如何，庄学本"很希望研究青海历史的或考古的学者，加以注意，使这一个长眠的古城，能有一天发明"的心愿，终究还是得以实现。

离开青海湖后，庄学本旋即南渡黄河，赴贵德、共和，拍摄生活在这片"山明水秀、果木成林、风景非常美丽的农业地带"之"西番"（安多藏族）的生计、习俗与日常生活。如果从影像创作的角度来考量，考察青海土、蒙、藏诸族时期的庄学本，在摄影风格上显得较为严谨、板正，多有同一人物的正面、侧面与背面图像，或凸显服饰特征的多人合影，似乎是以中央研究院的人类学影像采集为其要务，不免客观的学术性记录有余，而生动、隽永的艺术性表现略为欠缺。这一时期的庄学本在影像民族志的摄制方法上，仍在探索一条更合乎"美与科学"两全法的表达路径。

六

平贵返窑的十八年

武家坡挑柴的宝钏

光阴恰好似打枪的板

吹老了英雄的少年

——庄学本记河州山歌

1936年5月，班禅行辕移师甘南拉卜楞寺，并将举行时轮金刚法会，庄学本亦随专使行署与之会合。沿途信仰伊斯兰教的民族村镇较多，他也随笔记录了在唐汪川与锁南坝的见闻，如当时的"东乡人"尚未被认定为单一民族，庄学本称他们为"蒙古族的回教徒"，并摘译了一些带有蒙古音的东乡语词汇在日记中。那些有关男情女爱的河州山歌他也采录了几首，"光阴恰好似打枪的板，吹老了英雄的少年"，或正如他彼时的心境。

随着班禅大师一行于6月14日抵达拉卜楞寺，环寺周边的草原再度成为万民齐聚的帐篷之城。"班禅的黄轿被数十里长的欢迎队伍簇拥着进寺院，沿途香烟缭绕，音乐齐鸣，情况热烈神圣，只有在神话或佛堂中可以体味到。"在如此盛大的法会期间，庄学本正好可以

如鱼得水似的拍摄四方而来的藏人服饰："五光十色最使人注目的是他们妇女各种奇异的装束，每一种装束足以代表他们每一个部落。"

《良友》杂志1936年第123期以《西陲之民族》为标题，专门发表了庄学本在拉卜楞寺法会期间拍摄的藏人衣冠形象，共计两页17幅图片，图文并茂地展示了前来膜拜班禅大师的不同地区男女服饰的特点，如：拉卜楞妇女"头上梳了几百根小辫子，她们的辫套从腰以下缝上五十个铜元，富的用银盾和银元"；松潘的妇女"满头全是苹果形的琥珀，额前再绕几转嘛呢珠般的珊瑚珠链"；隆务（当时藏族部落的一支）妇女的"背后很像带着一个木枷。辫梢上挂着一根三尺长的木板，上面钉七个银盾，下面飘五条红带"；卓尼（当时藏族部落的一支）妇女"多数衣服褴褛，戴着大耳环，辫子分成三股，上面密缀着长条的铜珠"；西康的女子"都梳一根大辫子，腰间束一片花布裙，而理塘的妇女就特殊了，贵属的太太们在头的左右两角覆两个圆的金盾"。除了逐一拍摄各部族妇女的全身照与特写外，庄学本还专门邀请拉卜楞、西康、理塘及松潘妇女合影一张，以对比她们头饰与服装的差异。这些影像细节与文字描写，为20世纪30年代的川、甘、青藏族聚居区女性传统的服饰文化，留下了非常细致而生动的文献记录。

由于班禅一行驻锡拉卜楞寺至1936年8月中旬，庄学本亦在此地居住了两个月有余，较为详细地拍摄班禅的活动行踪、寺院的宗教生活，以及本地颇为丰富多彩的世俗民生。班禅举行"时轮金刚法会"，"共费时十八日，僧俗之听者，无日不趺坐竟日，几忘寝食"。

庄学本悉心捕捉法会期间自班禅大师至僧侣、信众的情境与行为，全面展示这一"亘古罕有之热闹，足见宗教与边地关系之深焉"。在现代藏传佛教史上，以影像记录如此高级别、大场面的宗教盛典，足称空前，恐怕亦算绝后。庄学本同样记录了拉卜楞寺院之僧伽群体，如时年20岁的一寺之主五世嘉木样·丹贝坚赞活佛（汉名黄正光），及其主持之下的讲经、论辩、跳神等宗教仪式。拉卜楞又是甘肃南部的贸易中心之一，寺东有商场名"他洼"，商贸活跃，"到太阳移上山顶的时候，各路摊贩云集，交换土产羊毛、药材之属"。庄学本对此集市十分关注，拍摄甚勤，留存至今的一组照片中，可见藏、汉、回族齐聚交易的诸多场景，如售卖冷面、凉粉的汉人小吃摊，争向僧人出售牛乳的藏女，以"方"论售的布商，背羊毛求售的牧人，专售念珠等宗教用品的摊贩，配备鞍具的卖马者，认真看秤的女顾客等，人气鼎盛，意态自然，其鲜活、喧嚣的市场气氛似乎要跳出画面，直扑观者的耳鼻。

或许是当地的自然与人文景象与阿坝、果洛等地区近似，庄学本在拉卜楞地区重又恢复了他自然、灵便、富于亲和力与表现力的摄影风格。无论是在寺院之中，还是在村庄或田野，无论是拍摄肖像、服饰，还是记录造屋、制革等手工艺，他都长于抓取生活流程中有意味的动态瞬间，注重人物与环境的空间关系，还原带有时代质感与文化细节的社会图景。无论影像质量还是照片数量，尤其是以图文表述地方性知识的民族志叙述力，庄学本在拉卜楞寺考察时期的作品都达到了一个新的高度。

1936年秋天，九世班禅一行前往青海玉树，继续着回归西藏的行程。庄学本等人因护送班禅归藏行署专员人事变更，返回兰州待命，旋遇12月12日发生的"西安事变"，兰州亦遭波及，庄学本的行李与照相机都丢失殆尽，不得不尽快赶往青海躲避兵变。他唯有一叹："这次西游，中途遇到不少波折，其困难倒不让当年唐僧的。"庄学本于1937年1月间自西宁出发，"携仆一人，马二匹出发，先至民和，后经循化、化隆、西宁、大通、互助、乐都，有土人的县治及其附近的县治，均侥幸能遍游，在土人的村落中亦停留十数处"，拍摄了近六百张土族日常生活、农业生产、服装头饰等照片，并体质测量二百余号，文字记录约十万言，调查表格、花纹图片及记录之歌曲数十种，但寄往南京、上海后不足数月，抗日战争爆发，这些资料存亡未知。庄学本只能在玉树旅途中，凭记忆写成一篇《青海土人的文化及其地理分布》，"得一比较正确之概念，足补前人之缺漏焉"。

在青海循化与化隆，庄学本访问了撒拉族聚居的地区，即"撒拉十二工"。"撒拉人自己的传说，云他们的祖先本住在撒马尔罕，因宗教分裂和战争失败的关系，由兄弟二人率领群众，牵了骆驼，载了《可兰经》，奔东而来，到达循化。"庄学本注意到撒拉族高鼻碧眼、身材高大，有高加索人的体质特征。撒拉族全民信仰伊斯兰教，男子头缠白布，女子头戴盖头，"盖头的颜色因女子年岁而不同，年轻姑娘的盖头为绿色，中年妇人的为黑色，老人的白色"。庄氏抵达"街子工"时，恰逢古尔邦节，同时举行三件大事："一、做大的瞻礼；二、会集于郊；三、宰牲畜。"庄学本身为一个外教人，独自观望并拍摄他们的节日活动，同时也被撒拉人很惊异地注视着。

他发表于《良友》杂志之《西游记第八集》，即是《撒拉族的祀会》专题，以八幅组图，并配数百文字，讲述撒拉族古尔邦节的实景。"撒民入场裡祀，端立向西，名为正西。经曰：'吾人居天方之东，必西向。'端立后举手诵经叩首。""撒拉族举行裡祀时，按例二拜，每拜二叩首，拜时由阿訇赞礼，两手伏地，叩首于两手之中，悬肘虚腹，足趾着地，目视鼻端，默致赞言。""在裡祀中，阿訇演说完毕，退至西首，执天经诵读一篇，即告礼成。""撒民于礼拜毕，每七户例须合宰一牛，宰时由阿訇念经开刀，谓死后该牲能作坐骑。"（以上皆为《撒拉族的祀会》之图片说明。）庄学本在当地又留居数日，大致了解撒拉族的婚丧礼俗、家庭生活等，并拍摄村落民宅、清真寺、日常生计、老幼肖像等图片，对这一"自西而来，寻求乐土"的民族概况有了些约略的认识。

七

在雅砻江的西岸顺着河流往下走，经过一个陡峭的山角，其余全是草滩，四面多是碧草黄花，映着明媚的阳光，坡上数十成群的野马，大自然的景色引人入胜。将近竹节寺廿里，发现两岸山沟中有羊群和黑色的牦牛，霎时的兴奋如大海中发现了大陆一样。

——庄学本日记

1937年6月，耽搁了一年多的"护送班禅回藏专使行署"终于再度启程，前往玉树与班禅大师汇合。由于都是团队行进，每日忙着赶路，庄学本的旅行日记大多简略，只是匆匆写下一天的行程，偶有宿营的间隙上山摄影或打猎。或许是摄影的聚焦功夫好，庄学本的枪法竟也不错，打到过雁鹅等飞禽，还在5000米的高山上命中黄羊这样的走兽："我气喘着上山去把它拖到4900米的平坡上，身上搅了一身血。"由于路途荒凉，燃料不济，"有米有面，有肉有水，而没有干牛粪，演成这几天的重大吃饭问题"，当他们发现"隔岸有牛粪堆，跣足过河，如见至宝，争扒去堆上的湿粪，捡取中层的干粪，半时捡得一大包背回熬茶"，这才饱餐一顿，以至于欢歌笑语，通宵达旦。

庄学本在赴玉树途中，对高原地带的渡河之舟筏做了系列的调查与拍摄，如一种货运的皮筏，用全只生牦牛皮制成，皮囊二十余只，每只装羊毛30斤，共600斤，直放包头转天津出口，可算青藏牧区最原始的国际贸易；又如载人横渡通天河的牛皮船，"它是一个蛋圆形的物体，长约12尺，宽8尺，用四五张牦牛皮缝成，再在缝上涂一种油脂，船中的骨干用柳条弯成，经纬各四条作支撑，口上用四根木棍格成一个方格，牛皮的口子用皮绳缝住在格子上"。庄学本于次日又记"午后在河边替专使等照皮筏过渡的电影"，可见此次护送班禅入藏的行程也有拍摄纪录电影的工作，而庄氏亦部分参与摄制，但这些电影资料的最终下落却是无从知晓。1937年7月15日，护送行署终于抵达玉树的中心结古寺，与先期半年到达的班禅行辕汇合，等着与西藏官员共商入藏的安排。

就在庄学本一行艰难行进于高原荒野中时，七七事变爆发，中日开战，上海成为炮火纷飞的战场。庄学本虽做了调查玉树的计划，却"因为中日战争的爆发，故乡在敌人铁蹄下，思乡病的增重，所以无心去做考察玉树的工作，不过在市中随便测量了几十个番人的体格和就近拍摄些民俗的照片以作公余的遣闷"。庄学本在玉树拍摄了班禅在结古寺的法事活动、当地农牧民的肖像，以及秋收时的劳动场景。他仍然写作出一份《青康旅行记》手稿，将其调查得来的玉树地理环境、部族分布、交通路线、物产矿藏、农牧商贸、婚丧民俗、军政人口等，悉列其上，作为充实西北国防地理的一份宝贵资料。

随着时间的推移，九世班禅的归程愈发叵测难料，来自拉萨噶厦政府的百般阻挠，令这位高僧大德不得不听从国民政府的建议，离开青海，暂驻西康，但他终于心力交瘁，在玉树罹患重病。曾经满怀着入藏希望的庄学本，终于意识到即便尊贵如班禅大师，也无法顺利地返回他在西藏扎什伦布寺的法座。"过去我很愿意留在边地，"庄学本在为《旅行家》杂志撰写的《青康边地巡礼》中写道，"而今战火正在沪滨燃烧，所以又急于想离开边地，赶回故乡，而我们护送班佛回藏的任务到此已可告一段落。"他遂向行署专使赵守钰接连请假三次，最终告别了服务两载的班禅行署，设法往东部去，寻找因战事逃难离散的家人。1937年12月1日，在藏边盘桓两年不得归乡的九世班禅于青海玉树结古寺圆寂，而此时的庄学本，已经行走在通往西康省会康定（打箭炉）的康北道上。

庄学本于11月7日出发时，恰逢通天河封冻成桥："上游流下的冰愈积愈多，而河面也愈来愈宽，在暮色昏茫里，只见两山之间一片白色，蜿蜒而下平如坦途。"庄氏一行经歇武寺入西康省境，在石渠县休整数日，竟意外地发现"此地番民多很喜欢照相，所以等我从帐篷里到县府去时，大庭前已经挤满了男男女女、老老少少百余人等着我照相"。他在石渠拍摄的若干藏民肖像照片的确是十分出色的作品，经常出现在后期的展览或画册中。

20日后，庄学本一行来到甘孜县，并暂驻了半个多月。在甘孜，他结识了孔萨女土司德钦汪姆："这里的酋长是一位妙龄的'西番'女子，名叫德钦汪姆，很能干大方，颇受她的人民信仰。她的祖母是过去西康著名的女土司，她的叔父是寺中的活佛。"庄学本为德钦汪姆留下多张肖像照片，让我们得以目睹这位民国时期的康巴女杰在她少女时代纯真而朴实的微笑。李媚曾评论庄学本拍摄的肖像作品："那一张张面孔具有巨大的凝聚力，只要凝视就会被深深地打动，哪怕目光只是匆匆掠过，你都无法不驻足停留。我们被触动的是内心的柔软之处而不仅仅是眼球。庄学本的图片有一种摄影人梦想中的境界：自我的消失。我很难想象当那些人们与他双目相对的时候，他们是怎样超越了眼前陌生的照相机和这个汉地男人，而独自存在的？"

自1935年年末随护送班禅归藏行署欣然启程，到1937年年底独自一人黯然到达康定，两年时间都蹉跎在西北的边城、牧场、雪岭与荒原，且出发时的入藏目标终成泡影，但庄学本仍认为"在我多次旅行中，这是最值得纪念的一次"，他作为一名影像民族志工作者的学术自觉也更为坚笃。从民族志摄影的角度观察，庄学本参与班禅归藏的行程当中，主要的贡献仍在于对青海、甘肃境内藏、土、东乡、撒拉等民族源流、社会生活与宗教信仰等事项的文化调查与影像记录，其摄影作品日益注重被拍摄者体质、体貌的多角度展示，民俗仪式活动的连续、整体性呈现。从文字写作而言，他陆续完成了《青海土人的文化及其地理分布》《青康旅行记》等民族志调查手稿，并在多本刊物上发表民族考察文章与旅行笔记，以一手材料填补国人对西北地理、民族、政治、物产、考古等方面的知识空白。以开发西北、充实边疆为国之根本，号召国民积蓄实力、打回老家，成为抗战时期庄学本所秉持的一种坚强信念。

八

出沟平坝上有很多一丛丛的村落，过一个小坡就到达昭觉平坝，坝中一个方城，中间飘着一面国旗，很清静。入城一片荒凉，右首一所破烂的房子挂着昭觉县政府的招纸。

——庄学本日记

1937年岁末，庄学本南下甘孜，经炉霍、道孚而至康定、成都，又因京沪沦陷，归乡无望，投考航空机械学校失利，一时竟陷入彷徨之至的境地。翌年三月初，老友，亦是首次入廓落克的翻译索囊仁清，邀请他故地重游，以遣烦绪，庄学本便顺着灌县—茂县—理番的老

路又走了一遭，沿途询问了些羌族以狗、羊、牦牛还愿的民俗，但并无太多的新成果。

此时恰逢西康建省进入筹备阶段，庄学本因任乃强先生之举荐，受聘担任西康建省筹备委员会参议（次年改称顾问），并兼任西康省通志馆筹备委员。既得安顿与职司，他便继续在康区游历，特别是1938年6月翻越大炮山到丹巴，以一个月的时间，考察了世居于大金川流域的嘉绒藏族。庄学本亲撰的《丹巴调查报告》亦于1939年的《康导月刊》发表，以《总论》《经济》《民族》三章，近万字的篇幅，对这个极为偏远的土司辖境做了概要描述，显示出庄氏日益专业的民族志调查水准，文本的书写风格也经历了从纪实文学向田野调查笔记、民族志文本转变的过程。

他在《丹巴调查报告·总论》中称丹巴"境内河流纵错，山脉复杂，致形成陡峻之峡谷。人民赋性驯良，且聪明活泼，汉化程度较其余番人为高，但土司制度尚未彻底废除，不免为政治设施之窒障"。庄学本继而在《经济》一章中列举了丹巴地区农业、工业、商业、矿业、牧业、药材、森林、猎业等的主要项目与产值、特色等，如"矿以云母为最著"，"禽类以鹦鹉为大宗特产，捕捉时期在仲夏雏鸟方出卵时，捕捉方法极为危险：因鹦鹉筑巢均在悬岩，或枯树上，探取雏鸟势必攀登，偶一失足，即有粉身碎骨之虞也"。在民族文化体系中，他则注意到此地戎人信仰苯教（下文提到的"黑教"），"其势力尚相当广大，……黑教徒真言咒语，与众不同，转经方向，恰与普通转经者相反，俗称黑教为倒教。夏天挡冰雹和求雨，为黑教喇嘛之专门职业。凡未出家而通经典者，通称道士，专替占卜、禳

祓、择日，丹巴各村中占有相当势力"。《丹巴调查报告》颇有系统，但多为客观记述或统计数字等，较为枯燥乏味，庄学本在丹巴书写的旅行日记倒是恢复了往日细致描摹的传统，如记录他在东谷买了一只鹦鹉，花费三十五元，能背诗三首，包括"你是大林鸟，身穿绿棉袄。能说几句话，就是无价宝"，"拥护蒋委员长，中华民国万岁"。这些有趣的细节，无疑可还原一个更为鲜活的边地旅人庄学本。

身为新建西康省的参议顾问，对于抗战时期的省会康定，庄学本亦多有影像描绘，不仅有省主席刘文辉的家庭合影，也有对边茶贸易的细致展现，此外，康定的民众教育馆、新开通的公路与卡车、整齐待运之木材等，都在揭示这座古老边城浴远方战火而新生的现代面貌。正如人类学家邓启耀所言："上海沦陷后，有家不能归的庄学本，不仅在个人命运上和这些过去被歧视的民族贴近了，作为中华民族的共同成员，他们的整体命运，也因外敌的入侵而更紧密地相融了。"

1938年11月，对羌、藏两个民族已经颇为熟稔的庄学本，决定前往另一片令外人寒噤的禁地——"夷人"（即彝族，民国时多称为"倮倮"）居住的大凉山。此时的庄学本除了更娴于摄影技艺之外，还从丁文江、葛维汉等人类学者的著作中找寻理论与方法的支撑。他顺大渡河南下，在越西的田坝巧遇彝族的婚丧大典，同住十多天后，"感觉他们很有活力，很自傲，很强悍，对任何种人多意存貌视，但对于鬼则特别害怕"。由于当地有"猎人为奴"的旧俗，庄学本虽然装扮成邮差的伙伴，但依然提心吊胆，恐遭掳掠，最终还是路遇一伙剪径者，破费了一些盐巴和针线才得以通行。

庄学本于1939年年初抵达彝族地区的中心昭觉。他用一台留声机播放唱片（这也是他长期采用的一种田野工作方法），吸引许多看稀奇的彝人与他攀谈，继而照相、访问，再受邀到奴隶主的家中饮酒吃肉。庄学本敏锐地捕捉着彝族社会的文化特征，如奴隶制度下鲜明的阶级划分。他拍摄了奴隶主妇女出门时，后面常有多名白彝女子与锅庄丫头随从左右，从人愈多，显示她们权势愈大。奴隶主吸烟，须由奴隶娃子扶杆点烟。甚至奴隶主外出串门，也会由锅庄娃子将其背负出行。尽管彝人待客亦恂恂有礼，但"不是商人被抢，便是自相残杀打冤家"的暴力纷扰，担心被掳去做奴隶的隐忧，想必令庄学本难以如在羌、戎地区那样如鱼得水，自由自在。在发表于1962年的《三访昭觉》一文中，庄学本回忆曾有一名锅庄娃子乘看管者不在，向他大胆喊了一句"我是汉人"。又两次半夜犬吠人喧，枪声大作，疑是冤家来袭。"在奴隶制度之下生活的人民，几乎不如犬马，实在是惨不忍睹，最后我终于不得不索然离去了。"

在大凉山漫游考察时，庄学本的摄影显然更具人类学调研式的章法，以成组的照片展现一个特定的文化主题。他拍摄彝人的婚礼，从送亲者为新娘梳妆打扮，到迎娶者与送亲队伍打骂、泼水，再由新郎把已经打扮好的新娘强夺了去，传统的掠夺式婚礼方得始终。他也冒险拍到彝族"打冤家"的战场，身着古代武士装束——穿皮甲、持长矛、擎角弓、举盾牌的男人们在空旷的田野中交战，械斗中被俘虏的娃子则如货物一般被奴隶主交易。庄学本用照片记录的彝人葬礼尤其细致：灵堂竖起招魂的神幡；吊丧者骑马举幡绕场行走；青年男子结队呼吼跳跃，以迎宾客；毕摩杀鸡占卜，杀死猪、牛、羊献给亡灵。举凡数十张照片，以深描的影像记录这一盛大的丧葬仪式。他所拍摄的一幅彝族青年女子照片，成为《良友》1940年第158期《新西康专号》的封面图片，与上海滩的名流佳丽争艳。对于一名民国时期的专业摄影师而言，这也是很可骄傲的一项成就。有研究者甚至认为，长期与《良友》等时尚杂志的合作，使庄学本的少数民族肖像创作，不自觉地带有了几分"明星硬照"式的艺术调性。

除摄影之外，庄学本还将其逐渐掌握的文化研究与体质测量方法，运用到彝人的调查实践当中。例如他采集了彝族的创世神话：人类始祖乔姆石奇在洪水中乘木舟得救，迎娶天上仙女，生下三个儿子，"老大说倮倮话，是倮倮的祖先；老二说番语，是西番的祖先；老三说汉语，是汉人的祖先"，以此说明彝人对族源与周边民族的认识。他又对64名不同支系、不同年龄的彝族男女进行体质测量，制作出黑彝男子、黑彝女子以及白彝男子的测量统计表，得出"夷（彝）族体质为蒙古利亚而带有高加索特征，而白夷并不是夷族的本支"等结论。在黑彝与白彝的关系上，他查知"黑骨头（黑彝）是真倮倮，倮倮中的贵属；白骨头（白彝）是混血倮倮，黑骨头的奴隶。虽然黑骨头对待白骨头很严酷，但是黑白的物质享受平等，黑骨头颇能爱护白骨头如子女，推食解衣，无微不至，因此多数白骨头虽遭遇悲惨，却仍能接受少数黑骨头的统治而没有反抗，这却是民族问题的奇迹"。

庄学本于1941年出版的《西康夷族调查报告》，从名称种类、民族起源、人口及分布、体质、物质生活、家庭生活、社会生活、心理生活八个方面，对彝族进行

了符合当时人类学调研规范的学术写作。他对于彝族的评价十分中肯："夷族有着很多的优点，所以数千年来还能保持独立状态，并能消纳异族（白彝）千分之九〇四而不致崩溃。又因为他们劣点太多，所以至今故步自封，还未脱一个落伍民族的形骸。如果夷族能消灭其劣点，则不久的将来定能成为西南最优秀的民族，可以断言。"时任西康省政府主席的刘文辉对庄学本所撰此书十分重视，并亲自为之作序云"上海庄学本君对边地情状素极留心，足迹遍青康各省，前年赴宁属考察，初意本不在夷务，以其学养有素，对夷务独能深入，以八月所得，成夷务调查报告一巨帙，识鉴精到，叙述详瞻，循览既周，巨细毕见，其整理夷务两原则与军事政治文化各办法，尤与余若符契"，视其为"治夷之道"的参咨之作。直到今天，《西康夷族调查报告》中的一些民族志内容仍为民族学界所采用，成为建构彝族文化系统的知识来源之一。

<h1 style="text-align:center">九</h1>

西康春季，岭上雪深丈余，道路迷失，行人裹足，故有"正二三，雪封山"之谚。夏季则雾雨连绵，衣湿路滑，行旅苦之，故曰"四五六，淋得哭"。秋季雨令初过，红日当空，最宜行旅，故曰"七八九，正好走"。冬季坚冰厚雪，朔风如剪，行旅艰难，故又有"十冬腊，学狗爬"之谚。

——庄学本

离开彝族聚居区之后，庄学本相继探访了由堪布兼土司项松典喇嘛统治的木里与麼些（摩梭人）部落永宁。"木里完全是一个教、政、军合一组织的特殊区域，他较西藏的教治更为彻底。"在木里大寺，九世木里香根活佛接见了庄学本，并对摄影颇感兴趣，庄学本便写了六页纸的方法授之，香根活佛"将摄影法又转藏文，其颇热心"。再至左所与永宁，浩淼的泸沽湖上往来的都是独木船，由女子划桨，在烟波浮沉中时常听到她们清脆的歌声，或可慰藉庄氏出入彝族聚居区的"索然"心情。他在此行中所拍摄的木里大寺弥勒佛像，与泸沽湖歇鹤岛上的土司别墅，如今均已化作历史的尘埃。

自木里归来，于康定休整月余之后，庄学本又陆续再前往巴塘、得荣、理塘等康巴藏人生活的草原与城镇，观看藏戏、弦子、晒佛、跳神等传统活动，并且搜集整理出78篇康藏民间故事。他在旅行日记中写道："我们要研究崇山叠嶂的康藏高原的人民生活，必须先从宗教文化入手，那么流传民间的故事神话，就是他们共同的心理反映，为进窥康藏宗教文化的初基。"他于巴安拍摄的一组藏人跳弦子图片，展现了这一广泛流行于横断山脉与金沙江流域的民间歌舞艺术，并以图说作简明的介绍："跳弦子为康藏人娱乐之一，常于神会节日或私人宴乐时举行之。跳时舞女均盛装排列场前，男子执弦子在手，弦声起时即翩翩起舞。""跳弦子以情歌为最多，歌系风流达赖策养嘉错（即六世达赖仓央嘉措）之遗著，热情磅礴，青年男女歌此舞兴最浓，衣袖翻飞，每有情不自已之感。"

1941年，庄学本在《边政公论》第一卷第五、六期合刊发表长篇论文《西藏之戏剧》，从藏戏起源、代表剧目、藏戏的表演等方面，对藏戏进行了较为全面的论述。他以自己的亲身经历，描述西康巴安、甘孜藏人观戏的盛况："戏场周围，帐幕毗接，环作圆形。远隔数站的牛场娃，届时也扶老携幼，纷至沓来。所以藏戏在藏人的脑海中印象非常普遍而深刻。"庄氏在文中介绍了唐东杰布（他文中写作"汤汤"）出生即为皓首老者，以舞蹈戏剧募化铁器、铸造铁链、建筑桥梁、普度众生，成为藏戏之祖的传说，又较为细致地列述《藏王请婚唐文成公主》《曲吉郎桑》《直勉根敦》《仙女和寡妇》《董勇董珠》《王后囊奢》《太子格登》七部主要藏戏的剧情，以及表演时剧场、演员、音乐、化装、布景、演唱等诸项内容。"藏戏的剧情大多是阐扬佛教，而西藏的文化以佛教为基础，因此藏戏对于西藏的宗教文化，都有很大的贡献。"

在这一时期，庄学本已经自觉地将民族研究的理论方法，与他的游历、摄影水乳交融地结合成一体，互相印证地讲述着中国西部边地民族的神话与历史、信仰与生活。值得一提的是，1938年11月22日，庄学本在义敦县（今撤并入理塘县与巴塘县）与另一位民国时期的影像人类学先驱者——时任金陵大学影音部主任的孙明经教授偶遇，二人并合影一张。在这张珍贵的照片中，孙明经身着风衣夹克、马裤长靴，十分西洋与现代的装束，庄学本则一袭棉布长袍和破旧布鞋，形若浪迹江湖的文人士大夫。这两个人或许都想象不到，人生背景迥异的他们，都将因为在这片西南边地漫游与影像创作的经历，成为后人眼中的传奇。

1941年，庄学本先后在成都、重庆、雅安三城举办西康摄影展览会（简称"西康影展"），观者约二十万人。

郭沫若在题词中称"如君才是摩尔刚（即美国人类学家摩尔根），学本先生友之良"。艺术考古学家常任侠题"西康多原始社会遗俗，研究巫术神话与初民艺术很多可取资料"。而"边疆研究会"创立者顾颉刚则请章伯寅先生赋得诗章，最为精准地总结了庄学本在20世纪30年代的行旅生涯："川边青海复西康，冒暑冲寒岁月长。问俗采风荒远地，初民甘苦备亲尝。"庄学本总结此次盛况空前的摄影展，亦感欣慰："影展虽未尽其最善的努力，但西康本身确具备着许多美丽的动人的条件，例如：雄壮的河山，丰富的资源，灿烂的黄金，快乐的居民，纯朴的社会，古雅的礼俗，奥秘的宗教。所以一经介绍，到处万人空巷，证明开发西康的前途非常光明。"

西康影展的照片与图说，甚至惠及当代学者，如藏学家张亚莎教授便是将影展第102图《涂面》与图说"西康女子尚有以赭糖涂面之俗，相传古时藏王因妇女容颜秀丽，使喇嘛不能遵守清规，于是下令妇女涂面，以护佛洁。涂面之另一意义谓高原之朔风多励，涂之以滋润肌肤云"，与古史与考古文物所记载的青藏高原上某些古代族群的"赭面"习俗相对照，找到了"赭面"至今仍然活着的民族学方面的佐证。

若是总结庄学本的"十年西行"：他于1934年历时半载，周游川西北与青海果洛地区；1935~1937年参加国民政府护送班禅大师回藏行署，在青海藏、土、蒙古、撒拉等族聚居地多方游历；1937年南渡通天河，经康北道至甘孜、康定，次年受聘任西康建省筹备委员会参议，考察丹巴嘉绒藏族与越西彝族；1939年，他冒险深入大凉山彝族重镇昭觉城，又至"喇嘛王国"木里与摩梭人世居的泸沽湖畔以及巴塘、得荣等地。此后两

年，庄学本以康定为中心，陆续整理、发表与出版图文作品，并举办了盛况空前的"西康影展"。1942年，为偿入西藏考察之夙愿，他毅然去国，拟经印度前往拉萨，滞留三年终于未果。直到1945年抗战胜利，庄学本才返回阔别多年的上海，其环游康藏的漫漫西行路亦告一段落。他的前半生，诚如民族学家徐益棠的评价所言："庄先生起初仅仅是一位摄影家，后来变成了一位专门的旅行家，现在却已成为边疆的研究者，或者可以说是民族学的研究者了。"

1949年，庄学本满怀建设新中国的希望，自上海赴北京参加民族文化工作，此后若干年里，作为国家民委参事、中央访问团成员和《民族画报》编辑部副主任，他先后在东北、西南少数民族地区拍摄采访，甚至重返过昔年考察过多次的藏羌彝走廊，记录"老朋友"们的新生活。行程在继续，但其作品的"灵晕"，却逐渐消散。庄学本也曾被选为中国摄影学会（中国摄影家协会前身）第一、二届理事。他一方面反思自己的创作历史："我从1934年起，背着照相机向少数民族地区去流浪，在雪山草原中生活了七八年，经过了十多个兄弟民族，虽然也拍摄了几千张照片，但是，因为没有正确的立场观点，这些材料还不足以反映兄弟民族的现实生活，也谈不到艺术水平"；一方面为中国的少数民族摄影大声疾呼："如果说全国范围就是我们摄影的园地，这个园地中有60%的花圃里花儿不开或开得很少、很小、很不好，这样会令人作何感想？对繁荣全国摄影艺术创作是不相称的"。

尤有意味的是，根据他20世纪三四十年代在岷江上游山区考察麝香猎采的经历，庄学本还发明了活麝取香

的技术，1958年在四川马尔康实验成功，翌年出版《养麝和人工采香试验》一书，并向全国推广。这项发明甚至在1987年获得了国家发明二等奖——庄学本也是中国摄影家中唯一在科技发明领域获得国家级荣誉的人物。然而，1965年，庄学本因所谓"历史问题"，被错误地"开除公职，清洗回乡，自谋生计"，不仅丧失了摄影创作的权利，也失去了普通公民的权利与尊严。1984年，庄学本在上海去世，终年七十五岁，而他劫后余存的边疆影像作品，与他所开创的民族志摄影风格，也都悄然湮没在历史的沼泽中，等待着身后被人"重新发现"。

庄学本曾用双足丈量的中国西部广大地区，因其拍摄并存续至今的数千幅照片，有了历史的厚重、学术的价值与人性的温暖。正如藏学家张亚莎教授所言："由于先生当年客观而朴素的记录，让研究者能从中受惠的，不仅仅是某些民族传统文化细节的保留，还能够从宏观上廓清，同为'藏族'，但川西北的'嘉绒'、川西南的'木里番人'、青海果洛藏族以及青海玉树'番人'之间明显或不太明显的区别，了解到同为青海藏族聚居区，属'安多'藏语方言区的果洛藏族与属'康'藏语方言区玉树地区藏族之间，文化上如此不同，从而更深切地感受到藏族文化的多元性与丰富性。"随着对庄学本"十年西行"考察成果的研究日益深入，学界逐步认识到在20世纪三四十年代，庄学本对羌、藏、土、彝等民族，以及中国西部人文地理、边政土司、宗教制度、民俗文化、服饰艺术等多个领域，都有系统性的调查与研究成果，其学术价值足可以与同一时代甚至更晚期在这些区域从事田野工作的民族学者或人类学家相媲美，共同构成了那一时期的"新民族志写作"学术群体，他的边缘人身份与影像工作者视角，反倒建构出一套与正统学界相交映的、更具活力的"非典范"民族志。

学术上的褒奖固然可贵，"纪实摄影先驱"的令名也并非虚妄，但我们毋宁将庄学本留存于今日的图片，看作一个人燃烧生命的万里征程。他曾以青春的冲动经受了荒原的洗礼，又用相机和胶片记录着心灵的轨迹与梦想。而这梦想，通过顽强不屈的影像创作，不断显影与放大，终于构建成中国西陲众多民族在一个逝去时代里的光影史诗。自由与梦想，执着与人道，其实正是作为独立摄影师的庄学本留给我们这个时代的一笔精神财富。正如一位嘉绒藏族的后裔——作家阿来阅读庄学本摄影作品之后的感悟："于是，那个沉默千年的世界开始发出了声音，那些总是沉默在时间深处的人与事在我眼前清楚地呈现。"

庄学本的照片是需要凝视的，他将一种文明与尊严的力量赋予了他所观照的边地人民，无论是眉目俊朗的康巴青年，还是纯真无邪的嘉绒少女，无论是神思深邃的果洛活佛，抑或是不怒自威的藏地贵族，他们都超越时空的疆界，透过照片的边际，骄傲地与我们的目光交汇，情感相通，他们挺拔的生命也因之而青春不朽。往事并不如烟，时光仍可重现。当这些八十余载芳龄的照片，再度从暗房中显现出它们绝世的容颜，当它们汇集成册，付梓出版，当那些生机勃勃的昔日影像于当代以及未来邂逅惊羡者的目光，震撼求知者的心灵时，在苍莽无际的青藏荒野中，在萧瑟不停的风雪下，庄学本或许正捧着他老旧的照相机，独自行走在前路苍茫的灵魂旅途中。

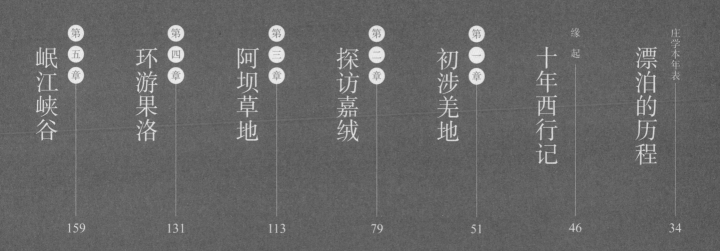

庄学本年表 ────────────── 34

漂泊的历程

缘 起 ────────── 46

十年西行记

第一章

初涉羌地 ────── 51

第二章

探访嘉绒 ────── 79

第三章

阿坝草地 ────── 113

第四章

环游果洛 ────── 131

第五章

岷江峡谷 ────── 159

漂泊的历程

庄学本年表

1909年

出生于上海市郊浦东。

1930年

21岁参加由几个知识青年组成的"全国步行团"，从上海步行北上，一路进行社会考察，访问陶行知等文教界知名人士，到北京后因直奉战起而返回。

1934年

十三世达赖喇嘛圆寂，国民政府组织致祭专使行署。庄学本拟以《良友》《中华》画报和《申报》特约记者的身份，随行署进藏考察，到成都后因专使不允，入藏的计划落空，只得另选一个在历史、地理上有意义的，当时被诬为"吃人野番"居住的青海果洛去考察。果洛当时在地图上还是一块没有被人探

庄学本上海浦东老家

1934年，在理番县（今理县）什谷脑与（嘉绒）藏民合影

测过的"白地"。他请人缝制了一顶白帐篷，找了一个翻译、两个旅伴，由四川灌县（今都江堰市）进山北上，进入阿坝草原。由于得到阿坝土司的信任，由人护送至川、青两省交界处，然后进果洛草原进行民族调查摄影，历时六个月。一路拍摄的照片和旅行记由《申报》《中央日报》等发表，并在上海出版《羌戎考察记》一书。

1935~1937年

被国民政府护送班禅大师回藏专使行署聘为摄影师，并受中央研究院的委托进行少数民族体质测量，受中山文化教育馆委托搜集少数民族文物标本。此行由南京到西安经兰州、西宁、果洛草原到玉树，拍摄了九世班禅在塔尔寺（青海湟中）和拉卜楞寺（甘肃夏河）举行的盛大法会，并乘便在青海作了四次短途游历，考察了互助、乐都一带的土族，贵德、共和的藏族，三角城群科滩的蒙古族，循化的撒拉族。沿途旅行的见闻，以《西游记》《青海旅行记》等专题，连载于《良友》《申报》。

卢沟桥事变后，抗日战争全面爆发，九世班禅回藏受阻病重。日寇又进犯上海，庄学本心里只想回家参加抗战，先后三次告假才得到专使批准。于是他渡过通天河，经康北道上到甘孜，闻知班禅大师圆寂、家乡战事失利，心急如焚，归心似箭，于是经炉霍、道孚于12月底到康定，1938年1月回到成都。此时上海已经沦陷，有家不能回，庄学本欲投笔从戎报考航空机械学校，未被录取。正在彷徨之际，1939年西康建省需要各种技术人才，其即受聘任西康省政府参议顾问，继续从事民族考察和摄影工作。

1938~1945年

先到丹巴，考察大金川流域的嘉绒。又到越西田坝考察彝族。1939年初在冕宁、西昌扮作邮差的伙伴，进入时称"彝族奴隶社会中心"的昭觉城。又经盐源进入极富神秘色彩的"喇嘛王国"木里。南行到素有"女儿国"之称的永宁、泸沽湖。返程经九龙回康定时正是夏季。休息一个月后又携帐篷西行，经理塘草原，到有"关外苏杭"之称的巴塘，拍摄藏戏，又顺金沙江南行到得荣，再从白松折返，经义敦到巴塘。原计划沿金沙江北上德格考察，终因甘孜事变受阻。于是在巴安过冬，春节看喇嘛寺跳神、晒大佛、送瘟神。1940年冒着春雪回康定。这一时期考察了西康的藏、彝、苗、傈僳、纳西等民族。所著《西康夷族调查报告》《良友·新西康专号》《康藏猎奇记》《康藏民间故事》等分别由西康省政府、良友图书印刷公司、上海时代书局出版。他的摄影

1 1936年，庄学本在青海时为考证历史寻觅文物

2 1938年，庄学本与理县守备杨继祖（藏族）合影

作品汇集成"西康影展"，于1941年在重庆、成都、雅安三城市展出，吸引观众二十万人，西康的工作告一段落。1942年，他想继续完成到当时的"禁地"西藏去摄影的夙愿，应邀加入康藏贸易公司并前往印度，拟随公司开辟的驮运路线进藏。但终因印度政府拒绝签证而不能实现，滞留在印度三年。在这一时期，庄学本拍摄了大量反映印度风土人情的照片，并于1945年在印度加尔各答出版摄影选《西竺剪影》画册。

1 1939年11月，庄学本与中国教育电影开创者孙明经先生相
逢于西康省义敦县（孙明经摄 孙建三供稿）

2 1939年冬，庄学本在四川省巴塘县与当地文化人士交流

1945年

　　抗战胜利后返回阔别十年的上海，整理十年西行的作品。1948年在南京、上海、杭州举办"积石山区影展"。

1949~1984年

　　1949年11月到北京参加新中国的民族工作，先后受到毛泽东、朱德接见，两次参加中央民族访问团出访，历任国家民委参事，民族出版社画刊编辑室副主任，《民族画报》编辑部副主任，中国摄影学会第一、二届理事会理事；1965年因所谓"历史问题"受到"开除公职，清洗回乡，自谋生计"的处分；1975年"平反"；1979年，他抱病参加第四届全国文学艺术家代表大会；1980年，《庄学本少数民族摄影选》由人民美术出版社出版。

1984年

　　7月因病在上海去世。

缘起

十年西行记

庄学本

　　这一册影集是我在十年西游中摄制完成的，第一次出发是在1934年的春天，我离开家乡上海，乘浅水船西上，溯长江进巫峡至四川，在成都开始了边地旅行生活的第一页。选定的目的地是西藏，当时十三世达赖喇嘛去世后，国民政府组织致祭专使行署，我将在南京当职员四年的积蓄二三百元作旅费，准备跟随他们步行去西藏，实现到边疆去从事旅行摄影的梦想。但是到了四川成都，专使黄慕松说我来历不明，不许我跟随去西藏。当时西藏地方当局在英国人的教唆下不许汉人入内，于是我不得不另找一个在历史地理上有意义的地方。

　　俄洛（今青海省果洛藏族自治州），番语（藏语）称"廓洛克"或"果洛"，即"歪头""强项"之意，喻为不服王法。俄洛人在传闻中很原始而粗犷，所以被诬称为"野番"。而且俄洛地方外人不能深入，因此

在地图上还是一块没有探测过的"白地"，数千年来置于化外，它的辖区始终是一个悬案。因此，常引起川、康、甘、青四省之争。

　　我对于这一个初民社会的部落发生浓厚的兴趣，所以就毅然改变入藏的企图，而从事俄洛险地的试探。我觉得险地一定多奇事，多趣事，有研究的价值，有一探的必要。而"开发西北"是"失掉东北"后指示青年动向的坐标，并不是空喊的口号，要开发整个西北，必先要明了俄洛这个关系重大的腹地。我为了这样大的使命更应该进去一探。

　　当时是四川军阀割据时代，沿途关卡林立，为了旅行方便，我请南京的朋友马鹤天在蒙藏委员会领了一张去果洛旅行的照会，证件上用了开发西北协会调查西北专员的名义。

按 语

本文选自庄学本所著《十年西行记》。《十年西行记》是庄学本撰写的考察旅行回忆文章，成文年代不详，可能是在20世纪40年代末。本书其他章节均选用其原文，略有改动，从中我们可以感受到一位边地考察者的探索精神。

当年5月22日离开成都，向险地——俄洛挺进。一路经过灌县、汶川、茂县、理番、松潘、阿坝草地（均在四川）而进入俄洛。同年10月31日返回灌县。共费时六个月，把俄洛全部环游了一周，并且又经历了西羌、西戎、西番（均在四川、青海少数民族地区）等地。途中尽是幕天生活，与鸟兽为伍，跨过很高的雪山，涉过广阔的河流，一路非但没有遇到危险，倒是发现的奇事、趣事很多，也许当时的奇事、趣事，就是当时的危险。

俄洛经环游后，证实内部并不如一般想象的危险、野蛮。只是因为山川险阻，草原未辟，边政不修，隔离久远，故生活文化都停留在"原始"时代。我们如以20世纪的新眼光，去观察尚未开化的旧同胞，以其"披发衣皮"，"膻食幕居"，自觉其野蛮可怕。然相处既久，就知其快乐有趣、古风益然，反觉其精神高洁，可敬可亲。有自诋同胞为"野番"者，实属大谬。并且内部的天产富饶，雪山如玉，野花似锦，真不愧为西北一个美丽的乐园。

第二次旅行是在1935年的初冬，一列专车把我们由南京带到西安，再由廿余辆汽车把我们送进兰州。这一次旅行的队伍共有四五百人，任务是护送九世班禅喇嘛回西藏，我任"护送班禅回藏专使行署"摄影师，原定由青海取道陆路赴拉萨，再由印度经海道回上海，时间预定往返十个月。但是后来因为抗战爆发，班禅喇嘛圆寂在玉树，入藏的计划不但不能实现，反而因为战事的演变，使我在边地游历了十年，增加了许多摄影资料，这是出发时所梦想不到的。

草地初雪

阿坝至果洛途中，沿途都是高原草地，属岷山
山脉，地势此起彼伏，海拔在三四千米之间，
入秋即下雪，冬季积雪不化，当地藏族牧民骑
马外出要背上"叉子枪"防身

乘坐滑竿上山

初涉羌地

当年（1934年）5月间，由成都起身到灌县，5月22日从灌县进山。一路带了三个"戎"人（Gyalong）做随从，又雇了两个羌人（Chiang）做背夫，沿着岷江上溯，经过汶川、威州、茂县而至理番。这一带山上都是羌人的村落。西羌是古民族，四千年前以治洪水著名的夏禹王就是羌人，他诞生在汶川之南的石纽村。据传羌人的祖先原住在西北方，称子拉族，后来与邻族固拉人战争失败，逃亡南来。他们的书籍在逃亡中被羊吃掉了，因此只有语言而无文字，于是他们痛恨羊，剥羊皮为鼓，遇事槌之，凡祭神敬天也宰羊作牺牲。他们的服饰为男女都穿麻布衣，披羊皮褂，住地在高山上，侧耕浅种，都很贫苦，有许多羌人没有耕牛，就用人力拖犁。农作以玉蜀黍及麦子为大宗，农闲在山间作商旅或脚夫。羌人民性质朴耐劳，社会制度虽有变革，仍保有古部落遗风。风俗言语，已渐汉化。

茂县东部的羌人在新年中用一条黄狗吊在树上，占卜来年收成丰歉，所以称"吊狗羌"。羌人用弩箭猎兽，箭镞上的毒药，性极猛烈，见血必死。羌人信巫教，供白石杉条，以作天神降临之所；巫师戴猴皮帽，击羊皮鼓，供猴头神，吞刀吐火，颇有法力。全族人口约五万人，以汶川、茂县及理番东部为中心。

龙山寨古碉楼

按 语

本文选自庄学本所著《十年西行记·初涉羌地》一节，略有改动。文中的"戎人"指嘉绒藏族，"羌人""西羌"指羌族，"灌县"即今天的四川省都江堰市。

羌族是我国具有悠久历史的民族之一，已有四千多年历史，有自己的语言但没有文字，人口约30万（2010年），集中居住在四川岷江上游一带的茂县、汶川、理县、松潘等地。在历史上，羌族以养羊著称，羌族与羊的关系极为密切，部分羌族仍保留着供奉"神羊"的习俗。庄学本对羌族与羊的描述，系民间传说，未经考证。

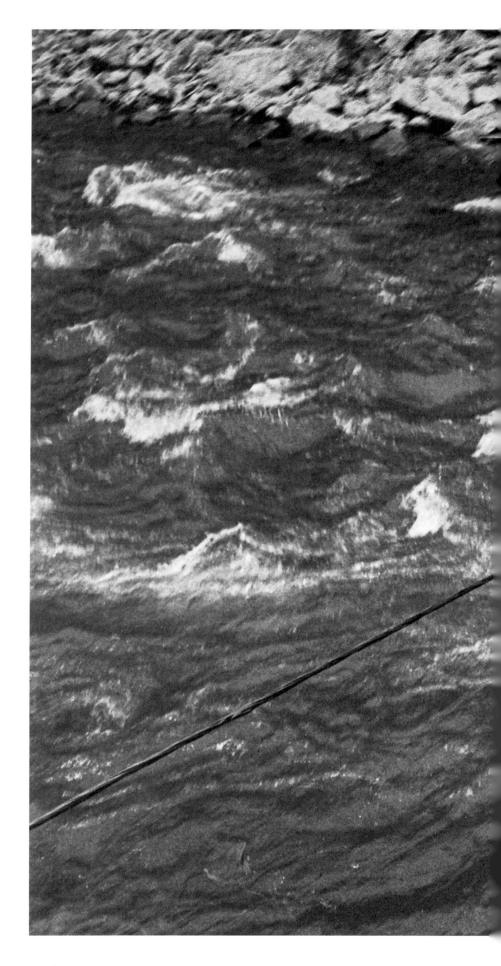

溜索

溜索就是碗口粗的篾缆，横跨两岸，有的是单索，有的是双索。两岸的羌民就凭着这根索子作为交通工具，牛羊粮食也在这上面往来。

第 一 章 初 涉 羌 地 55

1 茂县的羌民修路工

2 赶场路上的羌人

农闲时羌民便作商旅，晨背农产远道入市，至暮而归。每当
夕阳西下，见羌民三两休憩山径之旁，盖已易货归来矣。

3 人耕

民国20年间，岷江上游茂县一带牛瘟流行，耕牛瘟死殆尽。
秋耕时，羌民多以人力代牛耕地。

1 运药材的背夫

药用植物在当地产量极高，尤以川芎、虫草为多。当时年产川芎100万斤，而川洋1元可买145支虫草。

2 羌人咂酒

羌族喜饮用青稞、大麦煮熟拌米曲，装罐发酵酿成的咂酒。每逢喜庆之日，男女老幼围罐而坐，用竹管从罐中吮酒，以示和睦团结，亲如一家。

3 背水的羌族妇女

1 羌民在晒场劳作
2 威州（今四川省汶川县）城门

威州地处岷江边，城内羌、藏、汉、回族杂居，汉人不到人口的三分之一。

羌民田间劳作

1 砌墙
2 羌民除草间隙时休息

羌族端公作法
据说个个法力高强，刀枪不入，常替
人祛病、消灾，掌握羌族宗教之权。
羌族无文字，经咒均由口传。

1 羌族儿童
2 羌族老人吸旱烟

羌女怕羞，不肯照相

摘自庄学本《旅行日记簿》

　　在理番城里住了几天，照相的工作很忙，因为城里没有照相馆，所以一般当地的人士多来要求我照相，每天数十起，我几乎应接不暇。但我决不能推辞，直到我把百余张底片照完为止。如果我是照相从业员，那我这一次的收入一定很丰富的了。但是同样的理由有绝对相反的事实，城里虽有很多穿着新装的羌女，在街上闲逛，我很希望把她们的倩影摄入我的影盒。但是会说羌语的邓先生要求她们几次，她们没有把话听完，就很快地把身子转了过去，也有见到你手中的照相机时，已经飞步跑开了，宁可放弃她们入城的工作。我实在不懂她们的理由，有的说是迷信，以为照了相就要倒霉，有的说她们是怕羞，恐怕照出来不好看，但终于被我设法偷偷地摄了一影，说起来真是好笑呢!

1 羌族少女

一般羌族少女头戴瓦盖形数层青布，耳垂银环，胸前戴银质项圈、锁片，身穿麻布长衣，外罩毡子背心。

2 羌族青年

3 羌族妇女

一般羌族妇女头绕白布，耳戴银环，胸前戴银制项圈、锁片，身穿麻布长衣，外罩毡子背心。

4 羌族男子

1 一对羌族老年夫妇
2 羌民从军者与其父合影

庄学本赴嘉绒藏族聚居区途中，
翻越鹧鸪山

第二章

探访嘉绒

由理番西行，第二个部落"戎"人（Gyalong）也是一个古民族，人口约十万人，他们还保持着古代的覆音语。"戎"藏语称作"嘉戎"，意思是"邻近汉人的民族"。嘉戎散居于川边理番及茂县以西、西康丹巴以东之大小金川两岸，与什谷河上游之崇山叠嶂间，占地万余里。他们信仰喇嘛教，因此文化受西藏的影响很大。红教、黄教，并行其地。尊喇嘛为特殊阶级，凡生有二子者必送一子出家。西藏三大寺中"戎"人占其一，与西藏、蒙古喇嘛鼎足而立。社会组织还保持着封建的酋长制和屯兵制，共分五屯四土，由土司和屯守备管辖。除在理番、懋功一带"戎"民业已改土归流外，余仍沿用封建土司制，统治权永属贵族世袭。阶级观念极深。他们的住地在高山上，都盛产药材，所以挖药是他们的副业，麝香、虫草、贝母都是当地大宗的产物。"戎"

人多为半牧半耕，性情诚朴。唯梭磨土司之黑水一部较于强悍，文字同用藏文，语言则自成一系。建筑形式奇异，住所计分三层：下层畜牛羊，中层供住食，上层为佛龛经堂，顶层平坦，收获庄稼时便作晒场之用。"戎"人喜欢喝酒跳锅庄，遇佳节吉期，以饮酒为乐，半酣即男女挽手歌舞，名"跳锅庄"。跳锅庄有大小之别，大锅庄用于欢迎贵宾等，所歌多祝颂之辞，小锅庄用于家庭喜庆，所歌多属男女调情之辞。跳时就围着大酒坛，坛中插了很多的长竹枝，男女随喝随跳随唱，酒酣耳热，兴致因之很浓烈。"戎"人与羌人的交通器具，陆地上用骡马，水上则用溜索、索桥和皮船。

★文中"喇嘛教""红教""黄教"应为藏传佛教"宁玛派""格鲁派"，后文同。

　　本文选自庄学本所著《十年西行记·嘉戎》一节，略有改动。文中的"嘉戎"指嘉绒藏族聚居区，"戎人"指嘉绒藏族。

　　嘉绒藏族是藏族的一个分支，"嘉绒"全称"嘎尔嘉尔木察瓦绒"，意即"东方嘉木墨尔多山系的热带农区"，简称为"嘉木绒"或"嘉绒"。

　　嘉绒藏族聚居区是指以墨尔多山为核心所发散开的较为广袤的大渡河流域地区，以及鲜水河、岷江流域少部分区域。属于汉藏交界地带，既有藏族的文化，也吸取了中原的汉文化，这一地区又被称作藏汉文化走廊。

　　这里村寨密布、梯田层层。高山峡谷特有的地理环境，形成了与草原截然不同的文化形态。由于人们居住集中，其娱乐方式自然成了群体性。群体而歌，群体而舞，这种形式便是今人称之的"嘉绒锅庄"。历史上它曾一度与"西藏歌舞""甘孜踢踏""巴塘弦子"并列为我国藏族聚居区四大舞种。

卓克基土司官寨及其领地

卓克基靠近梭磨河边，全境皆山，气候高寒，七月见雪。全村2000户，8000人。卓克基有十余家汉商，以贩卖药物和杂货为业，大都娶当地藏女为妻。

1 什谷河上的偏桥

2 杂谷脑县城街景

杂谷脑（今理县）汉名兴隆场，什谷河穿城而过，南岸为住宅、守备衙门和汉兵的营房，北岸的兴隆场大街为商业中心。全城人口约为700人，汉人不足三成。

打麦

打麦场在院内，七八个嘉绒
藏族男女站成二行，拖起五
尺长的竹拍，一面噼噼啪啪
打麦，一面男唱女答地唱着
打麦曲。

1 什谷屯人打猎
2 什谷脑藏民射弩

跳锅庄的盛况

摘自庄学本《旅行日记簿》

那个时候天也渐渐地暗了，村上的男女老小已来了五六十人，大约是全部出动了。善于弄人的天公，忽然下了一阵雨，淅淅沥沥地把一群戎人驱进一间屋子里。这个屋子就在我的卧室前面，屋子本来很大，但是容纳这样多的人，就觉着很小了。雨还是不止，跳锅庄的舞场，只能设在室内，一坛"咂酒"端放在室的中央，插上数十根空心的细竹竿，许多看热闹的人拥在屋檐底下。这时室中空出了一些地方，索囊仁清替我在最注目的地点设了一个太师椅。正梁上挂起了一盏油灯。七个青年男子的后面随着十个姑娘，就绕在一角，面向外排立。嘈杂之声静了，领首的一个男子开始歌唱，同时提起右足向左边一踏，六个男子随着也开始歌唱舞蹈；男子的歌声静下时，后面十个姑娘的清脆歌舞又随着起来了，同时身体也微微的袅动。此后一唱一答，载歌载舞，手也互相挽住，同进同退。室中充满着嘹亮的歌声和翩翩的舞姿。在十分钟以后，一曲才终。我不是一个知音者，完全听不懂他们的歌词，经过索囊仁清的翻译，才知道所唱的是一段欢迎远客的歌词。接着第二曲的歌声又起了，以后的歌声舞蹈，格外的起劲，每曲终了的时候，他们并不要休息。十个姑娘仿佛如十只花蝴蝶一样，慢慢回翔。男的唱，女的答，男子的歌声雄壮而宏亮，女子的歌声婉转而清脆。他们和她们也许都感应着山间的清秀之气，歌喉特别的清越，调子也抑扬顿挫；尤其是姑娘所唱的高声，尖锐得几乎把窗框上的纸都要刺破。他们的舞蹈动作，是跟着歌声的节拍，以足部的动作为多，往往先双足踢踏，于转身反舞时，手稍摆动。男子的舞姿当然是处处认真，腾跳有力；女子的舞姿因为长裙曳地，所以步履不易辨别，只见其腰肢在微微地摆动。跳锅庄的人逐渐地增多，参加的男女共有三十余人，室中已环立满了。我虽不懂得歌舞，但是见到这番热闹的情况，也感觉到异样的兴奋。在一小时以后，我请他们暂为休息，吃一些酒，他们接到这一特殊的命令时，放弃了原有的秩序，围着坛子用竹竿插在嘴里狂咂，津津有味的神情，胜过于都市里用麦管喝汽水。

■锅庄　厨灶之地通称"锅庄"，炉灶用三块石头或三根铁脚
支撑一个大锅，也有用泥石叠砌的。

■跳锅庄　藏族人的一种舞蹈，不用乐器，只有歌唱和舞蹈，
因常在厨房中，围绕锅灶举行，故称"跳锅庄"。

衙门内跳锅庄

卓克基土司官衙内跳锅庄的情景。参加歌舞的男女有40多人，看热闹的有200多人。他们互相挽住，同进同退，男唱女答，气氛十分热闹。

**理县、马尔康一带的嘉绒藏民
围坛呷酒**

呷酒是嘉绒藏民生活中的一种
享受，酒以青稞用开水煮熟后
入坛加曲并用泥封口，三日后
即可食。他们饮酒不用菜肴，
也不用酒杯，将空心竹子插入
坛中，每人一支慢慢地吸，随
吸吮随加开水，至味淡为止。

杂谷脑寺庙全景

杂谷脑寺庙汉名宝殿寺，是当地最大最著名的黄教寺院，拥有200至500多名喇嘛。寺的东面有一个高20多丈的佛塔，有108扇窗门，为清代乾隆年间的苍旺土司所建，据说为西陲塔王，因1933年8月岷江上游叠溪大地震的影响，塔尖上的金顶倒坍。

1 杂谷脑寺庙的铁棒喇嘛

"喇嘛"一词是藏语的音译，意思是上师、
教师。他们是学识渊博、为人师表、可指导
人们进行修习的高级僧人，与一般寺庙出家
的僧人不同。藏语称僧人为"扎巴"。

2 杂谷脑寺庙的狮神

1 卓克基嘉绒女子
2 嘉绒藏民家里进出用独木梯，虽然摇摆不定，
但他们背物上下都迅速自如

1 古耳沟的藏民

2 古耳沟的藏族妇女

3 黑水的藏族姑娘

4 喜好装饰的藏族上层少女

5 嘉绒少女

这是嘉绒贵族少女的头饰，她们以红珊瑚珠盘成
头饰，身穿花衣，腰缠花册，耳戴珊瑚银环，为
当时贵族盛行的一种装束。图中少女正在弹口
弦，奏时用线扯动竹簧，发声清越。

1 什谷脑嘉绒妇女盛装
2 什谷脑守屯的藏兵

1 杨继祖守备和他的卫士

杂谷脑守备杨继祖是一位新青年，革除了平民见官要跪的旧礼，并解放了守备衙门内世代的奴婢。

2 3 杨继祖守备和他的夫人

图2为杨妻着汉装像，图3为杨妻着藏装像。

漂亮的卓克基土司

摘自庄学本《旅行日记簿》

我们一大早就备了哈达及薄礼数包，登上六层楼的土司衙门，先由大头人引导，到三屋楼的客室中坐下。室中陈设有弥陀榻、太师椅、茶几、封联、照片及自鸣钟等，布置得很整齐，完全和汉人一样。

土司索囊策林（汉名索海环，号观瀛），在头人禀报以后，就穿了牛皮靴大领衣出来见客。他是一个三十岁许的人，头上还盘有一条发辫，同时他具有一对大而突出的眼睛。我们的谈话，并不要索囊仁清做翻译，因为索土司能讲很流利的官话，他真是一个漂亮的土司！我和他照相时，他改穿金丝龙缎的大领衣，换上狐皮帽，腰间挂上嵌有珊瑚的宝刀和镶金的打火盒，端坐在铺着虎皮的太师椅上，他的威容真和皇帝一般。

索土司并不是卓克基的人，他是汶川瓦寺土司索代兴的儿子。因为卓克基的前土司阿尔克图绝嗣，所以招他来承继，同时并招绰斯甲土司纳旺勒尔乌之女为养女，配予索土司为妻，生了一个儿子就死了。后来又续弦绰斯甲沃日土司的女子为妻，亦生一子。因为他生长在汶川，所以渐染汉人的习俗很深，不但能讲汉语，并且能通汉文。他办事的手段和思想，也比其余的土司灵活而老练。当然他在四土之中，是一位土司的领袖了，他和屯署的感情很好，也都是因为语言和文字没有隔阂的缘故。

卓克基土司索观瀛

中华人民共和国成立后，索观瀛曾任四川省阿坝藏族自治州副州长。

1 卓克基土司夫人和儿子
2 卓克基的一对藏族小夫大妻

卓克基土司官寨

阿坝牧场背木柴的藏民

阿坝草地

我们由卓克基北上，翻越了几座没有人烟的大山，穿过很大很广的原始森林，遂进入"西番"的阿坝草地。阿坝在四川省西北、松潘黄胜关以西，西"戎"之四土以北。其地北连青甘，西接康藏，草地万里，地势高寒，入秋即雪。人烟稀少而物产丰饶，煤矿、皮毛及大马极多，实一良好而待开发之地。人民以游牧为生，于今仍未开化。习俗男惰女勤，一切帐内帐外工作均由妇女任之，无论耕种、畜牧及种种劳作均属妇女，男子则性惰闲游。

这一路我们都露宿在树林下或山谷中，因为还没有预备帐篷。晚上就在宿处烤起大火以取暖，并防野兽的来袭。但是蚊蚋见了火光，很多飞聚在我们身上作祟，同时骡马常在我们床沿上擦痒嘶鸣，往往闹得深夜不能入梦，清晨起身被盖上的水蒸气都冻结成冰片。有数次晚上遇雨，蒙了油布蜷卧不敢动。将到阿坝的前夜，一阵倾盆大雨，地上的水突然涨起了一尺许，把我们的卧铺也氽了起来，使我们站在雨水中，在惊雷闪电的恐怖下直立到天明。所幸第二天到了阿坝，就请"番"人先做新屋——帐篷。这里是进入俄洛的门户，有土房寺院，还有酋长特建的商场，商业尚繁盛。俄洛的牛羊和松潘的茶叶、布匹及当地出的粮食，都在这里交换，他们除掉以物易物外，还通用生银子。阿坝的"番"女操作很勤劳，未成年的剃光头，成年后始蓄发，据说与命运有关。这里的酋长是一个能治理地方而控有强大武力的土官，"番"地的人民和商人都很尊重和服从他。邻近的部落，即使强悍如俄洛"野番"及嘉戎也都不敢惹恼他。各地商货经过阿坝必须向他纳税，但是在他境内失落或被盗，他绝对负责追回或赔偿。我在这里偶然得到一次给他们调停战争的机会，所以酋长要他的儿子和我结拜为兄弟，因此就得到他派人护送的便利而能进入俄洛。

按 语 ————————

　　本文选自庄学本所著《十年西行记·阿坝》一节，略有改动。文中
的"阿坝"即今天的四川省阿坝县及其周边草原，"西番"指安多藏
族。"俄洛"，即果洛，又名廓洛克，今青海省果洛藏族自治州。

阿坝藏兵

1 牧场深处的牧民在熬茶

2 藏族牧民在鞣皮子

3 捕获猎物的牧民

草地出产旱獭，又名"雪猪"，穴居草地中。猎人携猎
狗，用羊皮吹火筒及木棒捕捉旱獭，获取兽皮兽肉。

牧场上的牧民

藏族官员出巡

阿坝苯教寺庙

1 喇嘛修行坐床的小屋
2 阿坝苯教寺庙的大活佛

1 头人
2 婴儿赤身在母亲皮袍里

少年牧民

第 四 章

环游果洛

我们进俄洛先到红教的白衣寺，然后朝南至木摆桑，再西行达汪清夺巴（上果洛汪青部），乃北上抵黄河边的贡马桑（中果洛阿羌马仓部），于是顺河东下经瓦色尔、康干（果洛阿羌康干部）而至康色尔（中果洛阿羌康撒部）。在这一带旅行，大家都带有武器，无论快枪或刀矛。一遇到有人影，就先作警戒，这种严重情势的存在，俄洛人和俄洛人相遇亦不能例外。俄洛是一块荒凉而寒冷的游牧草原，高度平均在海拔四千米以上，东西和南北的纵深都约八个马站（每马站约30~40公里），横跨在黄河的两岸。境内没有一块可耕之地，也没有一幢固定的土房，人民都是游牧居民，以牛羊肉和乳酪为主要食料，盐茶、布匹极为珍贵。我们在白衣寺伙食箱失窃了，几乎有两个月不知盐味。"番"人的衣服都是一袭八张老羊皮缝成的羊裘，内无衫衣，外无罩衫，只有富人在羊裘的边缘上加四五寸宽的一缕布边，以为华服。男子尚蓝黑，女子尚红绿。俄洛人每家都有一支好枪，家境贫困的备明火枪或腰刀，虽贫无立锥之地，也至少有一根木制的长矛。他们的财产是牛羊和马

匹，最富的康干土官有二万只绵羊、七八百头牦牛。当早晨放牧的时候，羊群在山坡上掠过，恍惚一片白云飞过了山头。俄洛人的住地夏天在高山，冬天在河谷，游移不定。他们的帐幕中间有一只土灶，终日烧着牛粪火，进门的右边是男子的座位，左边是女子的座位。帐前每家拴着一条大毛狗，白天看门，晚上放在帐外巡守牛羊。著名的康色尔土官喂养着三四十头大毛狗，据传他家的大毛狗曾咬死过一队来偷袭的敌人。俄洛的宗教势力在红教的白衣寺教权之下，寺中的一位触知活佛是最受信仰的喇嘛，康干境内的一位一百四十余岁的长发僧藏果仁青是神术最多、最受尊敬的一人，据传他能够在黄河的水面上步行来去，同时能够用泥丸治疗百病。很幸运，我都曾遇到他们，触知喇嘛曾赐我羊尾巴的大筵席（果洛人宴客以羊肉为主要，羊尾巴为敬客的珍肴），而藏果仁青老人也赐我一口法水。这里的雪季开始很早，八月中秋佳节我们在瓦色尔道上就遇到纷纷大雪，此后一阵一阵的大雪连着催我们离开俄洛重还阿坝，阿坝的汉商都庆幸我们平安归来。

按 语

本文选自庄学本所著《十年西行记·俄洛》一节，略有改动。

"俄洛"即果洛，又名廓洛克，今青海省果洛藏族自治州。中华人民共和国成立前，果洛一直处在边远闭塞的部落分割状态中，有大小部落两百余个，均由世袭的头人分别统治，政治、经济、文化落后。在漫长的历史岁月里，由于山河阻隔、交通闭塞，果洛基本处于与外界隔绝的状态，这块神秘的土地被蒙上了一层朦胧的面纱。

庄学本环游果洛之后，被其深深吸引，认为它"天产富饶，雪山如玉，野花似锦，真不愧为西北一个美丽的乐园"（《十年西行记》）。庄氏旅途中曾遗下一架摄影机三脚架于350公里以外，当地藏民拾得后亦兼程赶来送还，其古朴的民风可见一斑。

进入果洛

这里是纯牧区，人烟稀少，交通不便，几乎与世隔绝。1934年秋，庄学本由阿坝进入果洛，一路没有投宿之处，要自带帐篷、生活用品，由牲口驮着走。傍晚，选择地势平坦的地方设帐歇宿，埋锅造饭，清晨拔帐而去。1949年后这里已划归青海省，成立了果洛藏族自治州。

1 1934年，庄学本行路途中设帐歇宿
2 当时草地上没有道路，遇水过河没有桥梁，
如遇浅水河流，人马都涉水而过

犹豫的索囊仁清

摘自庄学本《旅行日记簿》

　　这二（两）天的交涉有些棘手，索囊仁清也表示（了）消极，他不愿意深入到廓（洛）克的内部，他只想绕一个小圈就回去，虽没有说出这个话，但是吾很知道他这个内心，所以吾整日的劝他，结果他了解了。吾告诉他，吾们能够发现这个"野番"的全部秘密，这种工作在现在的国家极属须（需）要，如果吾们为国家而牺牲，那不是一件很（光）荣的事（吗）？并且吾们一路都是同人家结好感，这样的联络过去，决不致出什么危险……

放牧的藏族少女

牧民居无定处，赶着牛羊，时常向
水草丰美的草地迁移。

1 牧羊
2 牧区帐篷

2

牧场上在进行交易的牧民

1 性情凶猛的藏獒

俗称"大毛狗"，白天拴在帐外，晚上放在场中，
为牧人巡守牛羊。

2 宰杀牦牛

牦牛产于青藏高原，较黄牛大，有锐角，腹尾毛甚
长，性耐寒，能驮载，善行雪地，有"高原之舟"
的美誉。牧民也宰杀饲养的牦牛以供食用。

活佛出行

手持带有宗教意义标杆的牧民

1 果洛的康干土司保留着清代官服

2 康干土司夫人和孩子

3 白衣寺的活佛

4 康色尔部落酋长及其弟

5 康色尔土官

5

白衣寺活佛的转世灵童（右）

1 长发僧藏果仁青

在果洛康干部落牧场里住着一位藏族老人名叫藏果仁青，据说已有145岁，法术很灵，当地人对他很尊敬，称他为活佛。庄学本路过此地，特地到帐篷里去拜访他，并为他照了这张相片。

2 生吃畜肉

1 贡马桑活佛
2 果洛藏族小女孩

1 牛毛帐前的藏妇
2 牧民妇女梳细辫

岷江流域盛产木材，伐木工人常攀
长60余米的溜索过江，惊险万状

岷江峡谷

阿坝土官在我们东返时送了我一匹当地出产的大黑马、一架鹿茸和麝香、狐皮，又派了一队八个"番"兵护送我们越过八天没有人烟的松潘草地，进黄胜关。我们在古代著名的边区重镇松潘城稍事休息，参观了以五色海著名的黄龙寺和以产金著名的漳腊金矿。

然后，我们就顺岷江南下，附近小沟中有著名犷悍的传猓子部落，不及停留经过叠溪，这是一个二三百户人烟的山城，为茂县、松潘之间的重镇，往来客商多以此为宿地。1933年8月24日的晚上，岷江峡谷中忽然轰隆一声，发生了天崩地裂的大地震，山中数百里内羌人、"戎"人的土房很多受震而倒坍，人畜伤亡极众，土地都震成裂痕，远在300里外的杂谷脑，有一座108扇门的大佛塔也被震毁损。这一次大地震的震中即在叠溪镇，第二天早晨发现这座山城已全部陆沉在岷江底下，它的上面已变成一个20里长的湖沼。据说这次历史上罕有的大惨剧发生时，叠溪镇上没有一人一犬一鸡幸免于难，后来只有路人神乎其神地说，湖下时有鸡鸣犬吠之声。当我们走过叠溪时，晚上宿在湖北端的镇南关，隆隆的地震还是一夕十数次，不免惊心动魄。第二天清晨，我们坐着木船驶过诞生才一年的叠溪湖，凭吊着千余生命陷入水底的地质大变动。不幸我们中一个骡夫在湖边翻山时，被一块受了震的飞石击伤了头部，同时还击落一匹骡子。一路上我们很少耽搁，在10月23日赶返灌县，总计我们在山中的旅程共6个月，当我回到上海，正是1935年的元旦。

雪山上的背夫
图为距松潘城东二十公里，赴黄
龙寺之道，入秋积雪不消

按　语

　　本文选自庄学本所著《十年西行记·岷江峡谷》一节，略有改动。

　　"廓洛克"即今青海省果洛藏族自治州；"黄龙"即今天的四川省松潘县黄龙风景区，其风光以奇、绝、秀、幽而著称，与九寨沟一同被列为世界自然遗产。庄学本1934年进入黄龙时，其美景尚不为外人所知。

摘自庄学本《旅行日记簿》

黄龙寺

　　黄龙寺，位于川西松潘东北70里，西接西康，汉族足迹罕至，而在西陲各民族中为极著名地方。那座艳丽的山岭，是当地各族青年男女心目中恋爱的天堂。全寺积雪如入银色的境界，古木参天、白绿交辉，景色卓绝。山中有苍翠松林、雄壮飞瀑、幽奇古洞和美丽的五色池，一切纯出天然，其伟大处，其清幽处，堪与欧洲的瑞士媲美。该寺地势高而气候寒，虽盛夏亦要穿棉衣，环境之佳，国内避暑地无出其右。时人题该寺有"玉嶂参天，一径苍松迎白雪；金沙铺地，千层碧水走黄龙"。其景色之壮丽可以想见。每年六月，当地有黄龙会之举，羌、"戎"、廓洛克等各族毕集，帐幕云连，极一时之盛。会时登山览胜，围坐饮酒、高歌酣舞、男女调情、密林幽会等。

岷江

1 叠溪海子边等待船运的物资和客商
2 叠溪大地震后重新开凿栈道

松潘（今四川省松潘县）街景

松潘历史悠久，是我国古代地处边陲的
军事重镇，是内地与西羌、吐蕃"茶马
互市"的集散地，有"高原古城"之
称。"茶马互市"是我国西部历史上汉
藏民族间一种传统的以茶易马或以马换
茶为内容的贸易往来

1 集市上卖鹿角的藏民
2 松潘藏汉居民在商铺交易

漳腊金矿

摘自庄学本《旅行日记簿》

漳腊当岷江之上游，距川边松潘县城西北40里，重峦叠嶂，素为边防要地。金矿在漳腊城西半里，岷江右岸之山沟中，背枕崇山，地势为海拔3860公尺，原属西"祈命"部落之地。金矿系沙金，初由当地土人发现，私自采掘，至民国初始由官方设金厂管理，征收税金。惟采金方法，仍沿用土法，深穴挖沙、冲淘等工作悉凭经验，纯以人工出之。沙金多大如骰粒，最大者如砖石，重数十两，冲淘后无需提炼已为纯金，成色为国内金矿之冠，价最昂，金业中名之为"漳金"。金厂有槽子（矿穴）数百、矿工数千，平均每月产金四五十两。因土法关系，隧道多崩陷，现产金较旺者仅数十穴而已。

1 打场
2 博罗子妇女织毛毯

放木排

1 威州索桥

岷江流经威州，江面约200米宽。这是
当时江上的索桥，是用竹篾制成的十
几根篾缆，横贯两岸，铺上木板搭成
的。行人骡马都由此通过。

2 修路

用竹篾装卵石筑坝拦水

都江堰位于四川灌县（今都江堰市），是我国古代一项
巨大的水利工程，于公元前256年兴建。都江堰工程包
括鱼嘴、飞沙堰、宝瓶口三部分，鱼嘴是建在岷江中心
的分水坝，把奔腾的急流剖分为内江和外江，既引水灌
溉，又排洪防灾。四川被誉为"天府之国"也就因为这
道大堰调节水流得来。

岷江上的杩槎子

图书在版编目（CIP）数据

西行影纪. 壹 / 马晓峰, 庄钧主编. -- 成都 : 四川美术出版社, 2021.6（2023.2重印）

ISBN 978-7-5410-5099-2

Ⅰ.①西… Ⅱ.①马… ②庄… Ⅲ.①中国历史—近代史—史料 Ⅳ.①K260.6

中国版本图书馆CIP数据核字（2021）第116173号

西行影纪 壹
XIXING YINGJI YI

主编　马晓峰　庄　钧

出版统筹	吴兴元　杨红义	编辑统筹	梅天明　杨建国
责任编辑	张慧敏	特约编辑	余颖霞　张　妍　何　唯
责任校对	陈　玲　田倩宇	制　作	成都华桐美术设计有限公司
营销推广	ONEBOOK	责任印制	黎　伟

装帧制造　四川蓝色印象艺术设计有限公司
　　　　　墨白空间·张静涵
出版发行　四川美术出版社　后浪出版公司
　　　　　（成都市锦江区金石路239号 邮编：610023）
成品尺寸　215mm×275mm
印　　张　11.5
字　　数　230千字
图　　幅　124幅
印　　刷　北京雅昌艺术印刷有限公司
　　　　　（北京市顺义区高丽营镇金马园达盛路3号）
版　　次　2021年9月第1版
印　　次　2023年2月第3次印刷
书　　号　978-7-5410-5099-2
定　　价　398.00元（全套3册）

读者服务：reader@hinabook.com 188-1142-1266
投稿服务：onebook@hinabook.com 133-6631-2326
直销服务：buy@hinabook.com 133-6657-3072
网上订购：https://hinabook.tmall.com/（天猫官方直营店）